Jean-Claude TARBY

LE SENS D'UNE VIE

© 2019, Tarby, Jean-Claude
Edition : Books on Demand,
12/14 rond-Point des Champs-Elysées, 75008 Paris
Impression : BoD - Books on Demand, Norderstedt, Allemagne
ISBN : 9782322137978
Dépôt légal : août 2019

Comme un prélude

« On commence à dépérir le jour où l'on commence à se taire sur ce qui nous tient à cœur. »
Martin Luther King

Lors de l'émission « Ils font bouger la Franche-comté » Dominique MORIZE, célèbre animateur de France Bleue BESANCON, me demandait récemment : « Jean-Claude, qu'est ce qui vous pousse à écrire ? »

Ma réponse fût alors orientée autour des axes suivants :

1 – Sortir un peu des sentiers battus, de cette routine du quotidien, rechercher une certaine profondeur.

2 – Tenter de comprendre le monde qui m'entoure. Toute ma vie a été guidée par ce fil conducteur et elle continue de l'être.

3 – Ecrire un livre s'apparente à une grande aventure. On peut avoir une idée dès le départ, mais on ne sait jamais avec précision ce qui va en sortir in fine.

L'incertitude est présente bien évidemment. Je ne revendique pas le titre d'écrivain. Angoissé je suis dans la vie courante, mais au moment d'écrire, ma peur n'est pas celle de la page blanche. C'est tout le contraire. J'ai tant à dire ! Néanmoins, je suis envahi par le doute.

En quoi ce que je puis dire est-il important ? Quel type de lecteur est-il intéressé par mes propos ? Quel est le sens de tout cela ?

Le SENS, le voilà le mot qui me poursuit depuis mon enfance, de manière plus ou moins consciente. Dans la circulation routière, il y a les sens interdits et les sens obligatoires. C'est facile de s'y retrouver, alors que dans la vie, rien n'est simple.

Il m'a fallu un certain temps pour trouver enfin la clef de ma motivation à écrire. Je sentais sous ma plume un fourmillement, mais je n'arrivais pas à y mettre un mot. C'est précisément au moment où je l'ai trouvé que j'ai puisé enfin ma motivation et mon inspiration.

J'ai envie de dire à tout le monde que notre société a avant tout besoin de SENS, à l'heure où ceux qui prétendent la diriger se complaisent dans un utilitarisme primaire.

Le SENS est un mot merveilleux. Celui qui cherche à donner du sens à chaque moment de sa vie, peut être fier de lui, et ce, quelque soit le résultat. Le résultat ? Voilà bien un mot que je déteste. Le résultat gouverne tout dans notre monde actuel et c'est un drame.

Ma petite fille MILA vient d'avoir 7 ans. Il s'agit d'un âge charnière. Je me suis posé la question de savoir quel serait le meilleur cadeau que je puisse lui offrir. J'ai opté pour un livre magnifique, les fables de La Fontaine en œuvre complète. Je ne lui ai pas parlé de sens.

Je lui ai fait une dédicace dans laquelle je lui dis qu'elle a désormais entre les mains les clefs pour choisir ce que seront les chemins de sa vie. Elle est capable de comprendre, je ne m'inquiète pas. Peu m'importe si elle tire de ces fables, des conclusions différentes des miennes. Ma démarche consiste à l'aider à acquérir l 'autonomie. J'ai précisément choisi ces fables parce qu'elles sont toutes fortement porteuses de sens.

Après le « pourquoi » de mon livre, parlons un peu du « comment ».

Selon les règles de l'ordre littéraire, un livre doit être soit un roman, une fiction, une biographie, un témoignage ou un essai. Il faudrait choisir mais je ne choisirai pas !

Il se trouve que l'auteur de ce livre est justement un insoumis. Je veux parler non pas d'un membre de la France insoumise mais d'un insoumis au sens large, libre comme l'oiseau.

L'ordre établi ? Je m'applique à le connaître précisément pour pouvoir y déroger.
Lorsque j'étais formateur, les personnes qui assistaient à mes cours s'en amusaient parfois. Je me souviens avoir lu cette phrase dans une évaluation : « Ce Jean-Claude TARBY, il nous explique une méthode avec zèle et immédiatement après, il nous indique comment et pourquoi ne pas l'appliquer ! »

Il est vrai que je déteste la moutonnerie, l'obéissance aveugle, l'application bête et méchante.

Cet ouvrage est le quatrième que j'entreprends. Pour cette fois, j'ai plutôt envie de laisser ma plume vagabonder à sa guise. Pour tout dire je suis las de toujours devoir structurer, classifier, hiérarchiser…
Ainsi, il n'y aura pas de partie 1 ni de chapitre 2...

J'espère que cet état d'esprit et cette manière de procéder ne nuira pas à la qualité de mes écrits.

Alors oui, dans la rédaction de ce livre je m'autorise tout ce qui me semble adapté. Ainsi je vais parler de ma vie sans forcément respecter la chronologie des événements. Je vais aussi mélanger allègrement la réflexion politique, le témoignage et les commentaires sur l'actualité. J'espère que le confort du lecteur n'en souffrira pas. De la même façon, il ne faut pas attendre de moi la neutralité, l'objectivité. Je déteste ces termes qui conduisent à ne plus rien dire d'intéressant.

Ma plume est acérée, mon jugement est franc, sans appel, il faut faire avec.

En d'autres termes, on peut dire que ce livre est un brûlot. Ecrire pour affirmer que tout est pour le mieux dans le meilleur des mondes ne présente à mes yeux aucun intérêt.

Qu'on ne compte pas sur moi pour rechercher « un juste milieu ». C'est aussi stupide qu'inutile. Cependant, je n'en suis pas moins guidé par une certaine rigueur. Je suis soucieux de ne pas dire n'importe quoi, de ne pas affirmer des pseudos vérités comme le font certains. Je suis soucieux de ne pas tricher avec les faits, même si mon interprétation – et tout le monde interprète - peut être contestable.

On me reproche souvent de juger… C'est exact et je l'assume. Pourquoi faudrait-il ne pas le faire ?

Quand une chose me scandalise, me révolte, je le dis haut et fort et je n'ai pas à m'en excuser.

Je juge sévèrement les gens qui tiennent des propos racistes et je ne laisse rien passer. Je juge sévèrement celles et ceux qui cautionnent les comportements xénophobes, les adeptes de la trique érigée en système gouvernemental. Je suis exaspéré par cette complaisance avec la facho sphère. Je n'en peux plus de voir que sur ce sujet, on me la fait à l'envers.
En effet, aujourd'hui, la faute selon certains observateurs, serait non pas d'être facho mais d'être anti fa. « C'est contre productif » disent-ils. En effet sans doute est-il préférable de chanter les louanges de Madame LE PEN ?

Ils ont peur pour leur identité ? Eh bien je les rassure ! Cons ils sont, cons ils resteront !

Oui, le vote pour l'extrême droite se nourrit de bêtise et de haine. La stupidité qui se situe derrière le fantasme d'une France pure, de race blanche, avec ses racines chrétiennes. La haine qui découle de ce même fantasme, la haine de l'étranger, du migrant qui vient perturber tous ces idiots. J'exagère ? Eh bien je vais appuyer mon propos sur une référence solide :

Pierre de SENARCLENS, Professeur de relations internationales à l'université de LAUSANNE établit clairement les liens entre la sottise et nationalisme.

« Le nationalisme entretient une relation intime avec la xénophobie et le racisme.

Le fantasme d'harmonie fusionnelle étant au cœur de sa revendication, l'étranger symbolise ce qui entrave ce désir.

Les nationalistes s'arrogent le droit de parler au nom de la communauté nationale et veulent en exclure ceux qui sont soupçonnés d'en contrarier la cohésion. Dans ce contexte, le migrant est incriminé pour l'abaissement des salaires, la montée du chômage, et la vulnérabilité sociale, mais aussi parce qu'il est associé à l'irruption de gens de « races » différentes, porteurs de conceptions culturelles étrangères.

Par ailleurs, les sectarismes religieux perpétuent un peu partout des visions délirantes, exclusives ou haineuses et des mécanismes de projection qui se sont exprimés dans le nationalisme. »[1]

Voilà le travail ! Lorsque la facho sphère est analysée par un spécialiste, il se trouve que je n'exagère pas, non !

Lorsque j'ai décidé de mettre en chantier ce livre début 2017, mon idée était de faire une analyse de cette campagne électorale qui n'était décidément pas comme les autres. Il m'est assez vite apparu que le sujet se situait dans un cadre trop restreint.

De surcroît, je n'étais pas sûr de pouvoir capter l'attention de mes lecteurs dans la mesure où je percevais la lassitude devant le feuilleton de l'affaire FILLON.

---

[1] Propos issus de l'ouvrage « Psychologie de la connerie » Editions Sciences humaines, février 2019 .

Le Président MACRON a été élu dans les conditions que
l'on connaît , au moment où je me préparais à dire tout le
mal que je pensais de lui.

Soudain, je me suis dit que je pouvais après tout me
tromper et qu'il était peut être plus prudent d'attendre.
Pour tout dire, j'étais hanté malgré moi. par l'idée que
MACRON puisse réussir. Et si c'était le cas ?

J'aurais l'air malin avec mes prédictions ratées ! Il
affichait une telle assurance et   il y avait tant de voix
pour le vénérer, pour dire qu'avec lui un nouveau monde
allait naître.

Je suis à présent pleinement rassuré. De nouveau monde
il n'y a pas, il n'y a que l'exacerbation de toujours et
toujours plus de libéralisme sauvage, toujours et toujours
plus d'injustice sociale, et en plus de cela, un dangereux
glissement vers la dictature. Non je n'exagère pas et je le
démontrerai. Cependant, j'ai décidé d'élargir largement
le champ de ma réflexion. Je ne perds jamais de vue les
fondements de celle-ci : Dans quel type de société
vivons-nous ? Que faut-il changer ? Comment bâtir un
nouveau projet ?

Ma réflexion me semble opportune dans la mesure où
nous sommes à un tournant, tout peut basculer d'un
moment à l'autre sans que personne ne sache ce qui va
sortir de ce bouillonnement.

Il est important pour moi de formaliser ce que je pense à cet instant précis, avec les risques que j'ai de me tromper, mais cette hypothèse ne m'angoisse pas.
J'ai une épouse, des enfants, des petits enfants, des frères et des sœurs et j'ai envie qu'ils conservent des traces de ma réflexion.

Ce n'est pas un testament que je suis entrain de rédiger mais j'ai à cœur d'inclure dans ma réflexion ce que la vie m'a appris. A bientôt 70 ans, je suis guidé par l'envie de faire le point sur ce que fût ma vie, avec ses expériences marquantes, et d'en extraire quelque éclairage pour l'avenir.

Alors, je souhaite à mes lecteurs, un bon voyage dans les méandres de la société, au regard de mon expérience de vie qui tient lieu de fil conducteur.

Notre santé n'est pas à vendre !

« Existe-t-il pour l'homme un bien plus précieux que la santé ? »   SOCRATE

La vieillesse, la santé, la mort, rien n'échappe aux appétits féroces des vampires de l'économie de marché. Une tranche de vie dont je me serais bien passé, me servira de base pour appuyer mon propos.

Octobre 2014 CHRU de Besançon service réanimation :

Je m'éveille laborieusement. Je comprends assez vite que je suis dans une chambre d'hôpital. Cependant, mon environnement m'apparaît inhospitalier, et ma chambre bizarre. Elle est immense, je ne vois pas de fenêtre. Pour tout vêtement, je porte cette chemise de patient que je connais bien et que je déteste.

Sommes-nous la nuit ou le jour ? J'aperçois des cloisons et d'autres patients. J'essaie de bouger mais je réalise que je suis branché avec de multiples câbles et tuyaux. Quelle galère ! Je ne me sens pas bien globalement, mais je serais bien en peine de mettre des mots sur mon mal-être.

Assez rapidement, mes souvenirs reviennent.

Après une journée à traîner les pieds, une terrible détresse respiratoire qui surgit sur le coup des 20 heures, comme la foudre. Ma femme qui appelle le SAMU, l'équipe de secours qui n'en finit pas de tergiverser avant de me conduire aux soins intensifs.

Je crois comprendre que ce qui les préoccupe, c'est mon taux d'oxygène dans le sang, visiblement trop faible. Ensuite, je revois cette image d'un médecin se penchant vers moi pour me dire : « Bon ! On s'en sort pas alors je vais vous endormir… »

Je voudrais protester mais je n'en ai pas le temps et je sombre immédiatement dans le néant. Juste le temps de me dire que je suis au bout du chemin et que c'est peut être l'enfer qui m'attend.

Mais voilà que je reprends conscience. Je pense que mon « sommeil » n'a duré que quelques heures alors qu'en réalité, il y a une semaine que je suis dans le coma. Petit à petit, des images me reviennent. Mes proches qui sont autour de moi et qui me parlent, et moi qui leur indique la direction de la sortie d'un geste péremptoire.

Je dois m'en excuser. Je cherche naïvement mon portable en vain… Bon, on verra cela plus tard. Je retourne dans le confort douillet du sommeil. Je sors de ma torpeur en entendant la voix d'une infirmière. « Monsieur TARBY, si vous m'entendez serrez ma main. » Je réponds par une pression prolongée. Elle me parle avec une infinie douceur. Je ne peux lui répondre puisque je suis intubé.

Elle me dit savoir que je suis guitariste chanteur, que j'interprète RENAUD, FERRAT, BRASSENS … Je lui souris.

A un autre moment, j'entends vaguement la voix apaisante de mon épouse. Je n'ai aucune notion du temps. Parfois je suis en proie à des hallucinations où les murs de la chambre m'apparaissent dans des couleurs qui n'existent pas. Je ne sais pas comment le dire autrement. Plus tard, j'apprendrai que l'on m'a injecté du curare.

Ne pouvant pas parler, mon infirmière préférée me demande si je veux écrire. Je réponds par l'affirmative. Elle me donne une ardoise et un crayon. En constatant que mon écriture est lisible, je suis un peu rassuré.

On m'annonce que je vais quitter le service de réanimation pour aller aux soins intensifs de cardiologie. J'ai une pensée pour mon infirmière. Elle se démenait dans le service la nuit et je la sollicitais souvent parce que je me sentais mal. Je voulais me rendre aux toilettes et elle m'expliquait que j'avais une sonde mais que cela ne devait pas m'inquiéter, que cela ne durerait pas. J'écris sur mon ardoise : « Excusez moi d'avoir été un patient aussi pénible. » Après avoir lu mon message, elle ne me répond pas, juste elle m'embrasse… Elle avait décidément quelque chose d'un ange. Je lui ferai livrer des chocolats.

Un jour, un ami se présente. Spécialisé dans la thérapie par l'imposition des mains, il me demande si je suis d'accord pour qu'il me touche. Bien sûr que oui, au point où j'en suis !

Me sentant mieux, je multiplie en vain les tentatives pour que l'on me retire tout cet arsenal de tuyaux. Un autre médecin, vient me voir et me dit : « Vous voulez que je vous enlève tout ça ? »

J'opine du chef sans illusion et pourtant il s'exécute immédiatement et me tend une cuvette. Très vite, je sens la nausée m'envahir. On dirait que je revis le film « l'exorciste. » Je ne sais pas quel poison a envahi mon corps, mais ce qui en sort est immonde, avec des couleurs qui ne « figurent même pas dans le manuel ». Je ne saurai du reste jamais quelle est la nature exacte de la terrible infection respiratoire dont j'ai été victime. Les rapports des médecins sont d'un flou artistique total.

Je suis surpris par ma voix. Mon élocution est laborieuse. Le son est rocailleux. L'idée selon laquelle je ne pourrais plus chanter me déprime un peu plus.
L'intervenant me pose des questions du genre :

- Qui êtes-vous ?
- En quelle année vivons-nous ?
- Qui est le Président de la république ?
- Qui était son prédécesseur ?

A cette dernière question je réponds, agacé : « Nicolas SARKOZY, mais sur le sujet, il vaudrait mieux ne pas trop insister ! »

Il me sourit en me disant : « Je vois que tout va bien! »

Pour ma part, je ne comprends pas réellement dans quel état je suis et pourquoi on s'intéresse autant à moi. Le même jour, ma fille Céline me rend visite. Je ne réalise même pas qu'elle est venue de Cahors pour me voir. Je lui dis de ne pas se mettre en retard.

 « Mais Papa, voilà une semaine que je viens te voir tous les jours… » Mon épouse et mon fils me confirmeront qu'ils ont eu peur pour moi. Mais à ce moment précis, je n'imprime pas comme on dit. Ce n'est que plus tard que j'intégrerai le fait que Dame faucheuse, la mort, a bien tenté de me séduire. J'ai bien failli succomber à son charme ! Bien sûr qu'elle m'aura un jour ou l'autre, mais en tous cas pas cette fois ! Mieux vaut essayer d'en rire !

Ce qui m'étonne encore aujourd'hui, c'est mon inconscience sur mon état de santé que j'ai ignoré dans les jours qui ont suivi. Un matin je me lève de mon lit sans autorisation pour prendre une revue et je me ramasse en moins de deux sur le sol. Un stagiaire affolé alerte tout le monde. Mes lunettes sont brisées et je reçois l'engueulade de ma vie par le personnel soignant.
Lors de ma sortie de l'hôpital, ma compagne me propose de me soutenir pour traverser la cour.

Je refuse son aide avec un orgueil mal placé et je m'affale littéralement dans la voiture. Le lendemain est un jour de Toussaint. Je décide, comme j'en ai pris l'habitude, de me rendre sur la tombe de mes parents à PLAIMBOIS DU MIROIR, un voyage de 150 Km. Au volant, je laisse vagabonder mon esprit en écoutant BRASSENS, quand brusquement, ma roue avant droite mord l'accotement. Je donne un coup de volant pour ramener le véhicule sur la chaussée mais mon geste est trop brusque et l' OPEL amorce un dérapage tel que j'ai toutes les peines du monde à la remettre dans l'axe. Cette fois c'en est trop, je m'arrête, je me prends la tête entre les mains et je réfléchis.
Je me dis que je suis entrain de « déconner. » Je n'en ai pas le droit, eu égard au fait que je viens d'échapper de justesse à la mort. Je rentre prudemment en me concentrant sur la conduite avec le pied léger sur l'accélérateur.

Pourquoi n'ai-je pas eu la prudence de rester à la maison comme le suggérait mon entourage ?
Plus tard, je dirai que « j'avais envie de reprendre rapidement le cours normal de ma vie. »

Cette phrase me vaudra une réflexion agacée de l'une de mes amies. « Alors tu as failli mourir et pour reprendre le cours normal de ta vie, tu ne trouves rien de mieux que d'aller au cimetière ?! » Ce n'est pas très adapté en effet, je dois m'incliner, mais cela rend compte aussi d'une sorte de perte de repères après un traumatisme.

Il me faudra de longues semaines, voire des mois pour récupérer, retrouver des forces physiques. Cet épisode de ma vie m'a considérablement diminué. Tout le monde pense que lorsqu'on a vu la mort de près, on voit la vie autrement, de manière plus optimiste, ce n'est pas tout à fait mon cas.

Certes chaque matin, j'ai plaisir à m'éveiller en constatant que j'ai passé une bonne nuit et en sentant que j'ai de l'énergie en réserve pour agir. Aujourd'hui, je suis réellement entrain de me reconstruire comme disent si bien les psys.

Le travail que je suis entrain de faire sur moi me conduit à penser que je ne suis pas très fier de ce que je suis devenu : un homme refermé sur lui-même avec une tendance à l'égoïsme, un homme aigri, parfois même parano, fermé, bougon (je l'étais déjà,) colérique. Je suis entrain de travailler à corriger cette image, mais ce n'est pas simple et cela prend du temps. D'aucuns me disent que je devrais « voir quelqu'un. » Voir quelqu'un c'est faire une psychothérapie et je ne me sens pas prêt. Pour autant, je souhaite vivement adresser à mes proches un message de reconnaissance.

Je voudrais d'abord,   remercier chaleureusement Yvette, ma compagne de toujours. Elle partage ma vie depuis 1973…

Elle n'est pas aussi passionnée que moi de politique ou de syndicalisme, mais elle a toujours eu une conscience, des idéaux et une conception de la vie proche de la mienne. Elle s'investit bénévolement au secours populaire, ce qui constitue un très bel acte militant. Elle a toujours affiché beaucoup de respect pour mes engagements. Elle ne m'a jamais ouvertement désavoué même quand elle ne partageait pas mes colères. Elle m'a apporté un soutien sans faille, au moment où mon pronostic vital a été engagé. Cela crée des liens !

Elle mérite également des remerciements pour son incroyable patience quotidienne. En effet, depuis plusieurs années, elle supporte mes sautes d'humeur et parfois ma déprime liée à la maladie chronique d'insuffisance cardiaque que je m'efforce de dompter mais qui altère considérablement ma vie.
Si elle n'était pas à mes côtés, je ne trouverais pas la force d'écrire ces lignes. Merci pour son amour et qu'elle soit assurée du mien.

Merci aussi à mes enfants d'être ce qu'ils sont. Merci à leurs conjoints qui m'ont soutenu.

J'aimerais enfin faire un clin d'œil à LILY et MILA mes deux petites filles, de même que TINO qui a vu le jour

depuis peu et pour lequel j'ai déjà fabriqué des jouets en bois. Mon cœur sera plein de joie si un jour j'ai la chance d'apprendre que mes petits enfants ont lu mes livres. Pour MILA, cela ne saurait tarder.
Elle aime déjà me voir jouer de la guitare et chanter de même que LILY. Quelle joie de les voir me faire des grands signes par la fenêtre au moment où je m'approche de leurs maisons… Tout cela constitue le carburant de la vie.

Notre famille est unie et solidaire, quoi qu'il arrive. Cela peut sembler normal et naturel, mais ce n'est pas le cas de toutes les familles, y compris celles qui se gargarisent des valeurs qu'elles représentent.

Mon expérience en milieu hospitalier est assez significative pour que je puisse m'exprimer sur le système social français, dont les politiciens de droite et d'extrême droite aimeraient tant s'affranchir. Oui notre merveilleux système social français dont j'ai mesuré l'efficacité, est gravement menacé par l'économie de marché, le libéralisme sauvage.

MACRON nous dit que cela nous coûte un pognon dingue, Marine LE PEN veut supprimer l'AME, (Aide Médicale d'Etat) pour tous ceux qui ne sont pas français de souche.

Une fois de plus, la droite se montre sous son vrai visage : barbare et inhumain. Ils veulent faire de la santé un business à l'américaine dans lequel les choses se passent ainsi : « T'as pas d'argent, t'es pas malade ! » comme le raconte l'humoriste Patrick TIMSIT.

A partir de mes nombreux séjours à l'hôpital public, je voudrais témoigner de l'extraordinaire dévouement et de la disponibilité sans faille du personnel médical et soignant. J'ai eu le temps de mesurer leurs conditions de travail terribles et qui pour autant n'affectent pas la qualité des soins qu'ils prodiguent.

Cependant, mon idée est la suivante : si on continue à faire de la comptabilité pour rentabiliser les centres de santé, si on s'acharne à ne pas créer de postes d'infirmières et d'aides-soignants, si on continue à sous payer le personnel dit subalterne, alors nous allons tout droit vers une catastrophe humaine.

Déjà, ces agents hospitaliers se plaignent de subir des agressions de la part de certains patients. Ce n'est pas que les malades soient devenus fous, c'est juste parce que malgré toute sa bonne volonté, le personnel soignant ne parvient pas à s'en sortir et son problème consiste à hiérarchiser les priorités. Le problème ne date pas d'hier.

Je me souviens avoir accompagné l'un de mes collègues qui avait fait un grave malaise, aux urgences médicales il y a déjà quelques années. Voyant que personne ne s'occupait de lui, je m'étais permis d'interpeller un médecin. Elle m'avait vertement recadré :

Monsieur ! Des gens qui ne sont pas bien, je n'ai que cela ici !!! » J'ai bien compris qu'elle peinait à définir la chronologie de ses interventions.

Cela génère un terrible stress et vouloir en rajouter avec des critères de rentabilité en considérant un centre de soins comme une entreprise, est une conception lamentable, visant à faire de la santé un marché. Il faut combattre sans ménagement, cette honteuse orientation.

Mais il y a pire ! Ceux qui veulent séparer les bons patients des mauvais. Madame LE PEN avec les bons français, auxquels il faudrait réserver l'exclusivité des soins et Nicolas SARKOZY qui s'est illustré également sur le sujet. Cet homme, en bon chrétien, nous disait en substance lors de la campagne des primaires de la droite en 2017, vouloir déposer un projet de loi.

Selon sa vision, les patients atteints de maladie chronique, cancers, maladies cardio-vasculaires qui continueraient de fumer ou de boire de l'alcool malgré les injonctions du corps médical, ne seraient désormais plus pris en charge par le système de protection sociale! Il fallait nous la sortir celle-là ! Elle mérite le numéro un du hit-parade de la pensée de la droite ultra-libérale !

La protection santé doit être maintenue quel qu'en soit le prix. Même s'il faut veiller à une certaine rigueur de gestion, les économies ne doivent en aucun cas devenir la finalité, car s'il en était ainsi, on ne tarderait pas à entendre des énormités comme celles proférées par l'extrême droite en Belgique, à savoir : « A partir d'un certain âge, il faut laisser les gens mourir !!! »

J'adore écouter les libéraux. Ils nous disent : il faut lutter contre le chômage, sous-entendent que les chômeurs sont des feignants, qu'il y a des postes non pourvus, et « **en même temps »,** selon la formule macronienne magique, ils déploient des moyens démesurés pour supprimer ou ne pas créer d'emplois dans les secteurs nécessiteux comme la santé, parce que cela coûte ! Il faudra noter par ailleurs le mépris du capitalisme, pardon, de l'économie de marché, pour toutes les professions dites subalternes de santé, accompagnants, psychologues, aides-soignants, infirmiers, auxiliaires de vie avec des grilles de salaires lamentables au regard des compétences nécessaires à ces professions.

Devant de telles aberrations, souffrez donc que je puisse être révolté par le fait que le pouvoir veuille baisser le niveau de protection sociale parce qu'il faut faire des économies pour réduire la dette publique.

Il faut donc combattre cette orientation et ne rien lâcher.

ETRE NE QUELQUE PART

« Dans la vie, il y a ceux qui réussissent et ceux qui ne sont rien. »
EMMANUEL MACRON

« Est-ce que les gens naissent égaux en droits, à l'endroit où ils naissent ? »

MAXIME LE FORESTIER

Le paradoxe entre les deux citations est flagrant. Côté cour, surgit le bulldozer arrogant, affichant sans hésiter son mépris de classe et la puanteur de sa « réussite».
Côté jardin, le poète réfléchit, s'interroge, suggère à l'instar de son maître, BRASSENS.

Choisissez votre camp camarades lecteurs ! Je vous laisse deviner lequel est le mien.

L'endroit où je suis né un jour de DECEMBRE 1950, c'est PLAIMBOIS DU MIROIR. Le nom fleure davantage la poésie que le ruissellement financier.

Il s'agit d'un village situé juste au-dessus de la vallée du DESSOUBRE, affluent du DOUBS.
En ce début des 30 glorieuses où le pays a besoin de bras pour panser les plaies de la guerre, il est composé d'une centaine d'habitants, paysans pour la plupart.

Mon père est paysan. Pardon non, il est aussi maçon! Enfin, je ne sais plus trop, mais il sait démonter et réparer un moteur, dresser des murs, concevoir et construire un escalier, crépir une façade, installer portes et fenêtres, bref, bâtir une maison... Dans ses « moments perdus », il « travaille pour la commune ».

Il a été en première ligne, lorsque la Municipalité, au début des années 60, a décidé de construire un nouveau bâtiment pour abriter la Mairie. De la même façon, il a joué un rôle clef dans le projet d'installation d'eau courante : construction et gestion de la station de pompage.

Il est aussi pompier! Quand il y a le feu, Gustave est sur le pont!

Un peu partout dans le village, lorsque l'on a un souci, c'est Gustave que l'on vient voir. Il est le « couteau suisse » des habitants. Le fromager pour une « pompe qui déconne», le garde forestier pour une soudure à faire sur un outil, l'institutrice pour un carreau cassé par « ces sales gamins» ou le tableau qui tombe du mur, le bûcheron pour affûter sa lame. La liste est loin d'être exhaustive.

---

[2]Texte de Jean FERRAT chanté par Daniel GUICHARD évocateur de la relation avec mon père.

Je me souviens aussi d'une procession au flambeau un soir du 15 août, avec une croix en bois, équipée d'une guirlande électrique. Elle a été entièrement fabriquée par mon père avec de simples ampoules et un branchement en série.
Elle scintille de 1000 feux auprès de la statue de la vierge et le curé est ravi.

Ma mère s'occupe des quelques vaches, poules, lapins et jardins avec mes frères et sœurs avant que je ne rentre à mon tour dans le circuit. Mes grandes sœurs commencent à travailler à l'usine pour faire bouillir la marmite.

Ainsi vit la famille en ce début des années 60. Je n'ai pas l'impression de manquer de quelque chose et pourtant, cela « tire » dur du côté financier. Les fins de mois sont difficiles, surtout les 30 derniers jours, dirait COLUCHE.

Un souvenir marquant m'est revenu. A l'époque, le jour de congé des écoliers c'était le jeudi. Le jeudi c'est aussi le jour où passe l'épicier du RUSSEY, avec son « tube » gris.
Tous les gens qui ont connu cette époque savent ce qu'est le « tube». Le rituel est bien établi. Avec ma sœur, Anne Marie, nous allons « au cul du camion » de l'épicier, qui nous remet toutes nos commissions, à partir d'une liste établie par notre maman. Le système est bien rôdé mais ce jour- là, les choses ne se déroulent pas tout à fait comme à l'accoutumée.

Je revois la scène avec précision.

Je ne sourcille pas en entendant ma sœur lui annoncer qu'il sera payé la semaine prochaine. Mais cette fois, le commerçant habituellement très aimable se rembrunit.

Il fait signe à ma sœur de s'approcher, sans doute pour éviter que le « petit » que je suis, n'entende la conversation mais je comprends l'essentiel, enfin presque.

« Ça marche pas ça, depuis le temps ! Demain, je fais mon compte à l'huissier... »

Je devrais plutôt dire que j'entends davantage que je ne comprends. Je sais qu'il s'agit d'un problème d'argent, de sous, comme on dit à l'époque, mais je suis bien loin d'en mesurer toute la portée et toute la gravité. Je me demande qui peut bien être ce type que le marchand appelle « LUISSIER ».

Notre mère une fois informée se met à pleurer. Elle pleure souvent sans que je sache réellement pourquoi, mais j'y suis presque habitué. Quel âge puis-je avoir à ce moment- là? 10, 11 ans peut-être ?

Non, même pas puisqu'il me revient que nous en sommes encore à l'ancien franc. Or, le nouveau franc est apparu en 1960, j'ai donc moins de 10 ans.

Ma mère me charge d'une mission. Dans un petit coffret placé sur le petit meuble de la salle à manger, il y a toujours une réserve de pièces de monnaie. Nous en sommes encore aux anciens francs puisqu'il y a ces pièces blanches d'une valeur de 1, 2 ou 5 centimes, 20, 40 ou 100 sous selon les anciens.

Il y a une majorité des pièces jaunes et parfois une ou deux pièces de 100 francs qui bientôt deviendront les pièces de 1 nouveau franc.

Maman met le contenu entier du coffret dans un petit sac. Elle me le confie en me demandant de rattraper le commerçant qui doit se trouver en bas du village pour lui remettre l'argent.

Dehors il pleut des cordes. Mais j'ai chaussé mes bottes presque neuves, celles livrées il y peu par le cordonnier de MORTEAU, ce brave FRANCIS, qui me surnomme gentiment « le ouistiti ». Je porte également un solide « pardessus », c'est ainsi qu'on nomme le grand manteau. Il a appartenu à mon père mais maman couturière n'a pas eu besoin de cours pour apprendre le recyclage, pour « donner une seconde vie » aux vêtements comme on dit aujourd'hui.
Sur ma tête, un grand chapeau achève de me protéger de toute la pluie du ciel qui s'abat et je me sens costaud, j'ai l'impression que la flotte ne m'atteint pas, je n'ai pas froid.
Après environ 600 mètres de marche, j'aperçois la camionnette du marchand. Sans mot dire, je lui remets le sac de monnaie. Avec un immense soupir, il secoue la tête et empoche les quelques pièces.

Je m'éloigne timidement et il me rappelle. « Petit? Voilà pour toi. » dit-il avec une pointe de tristesse en me tendant un CARAMBAR, friandise désormais célèbre.

Je serais prêt à affirmer que c'est le premier que je mange de ma vie. J'en engloutis encore volontiers un ou deux lorsque j'en offre à mes petits-enfants. Que s'est-il passé ensuite? Je n'en ai jamais rien su. Mes parents ont-ils payé leur dette?

Probablement, mais l'apurement a dû être laborieux. Toujours est-il que, de voiture de l'huissier devant chez nous, il n'y eût jamais... La bienveillance était encore présente dans le cœur des hommes.

Je ne sais pas si de ce souvenir est né en moi une certaine haine des riches, mais ce dont je suis convaincu c'est que jamais, je n'oublierai d'où je viens.

De cette expérience et d'autres je tire les enseignements suivants :

1 – Même si, à l'arrache, j'ai réussi à gravir les échelons de la hiérarchie sociale jusqu'à me hisser au rang de cadre supérieur de la Fonction publique, JAMAIS je ne mépriserai un pauvre, une personne dans le besoin. JAMAIS je ne le conseillerai dans la gestion du peu d'argent dont il dispose. Dans la quasi totalité des cas, lorsque je croise un SDF en reprenant ma voiture au parking, je lui donne une pièce de 1 euro. Si je n'ai que de la petite monnaie je lui donne quand même en m'excusant auprès d'elle ou de lui.

Je ne lui demande pas ce qu'il veut faire avec. Je ne lui dis pas de ne pas boire ou de ne pas fumer, cela ne me regarde pas.

2 – Ma lecture de la société est une lecture de classe. OUI il y a bien une injustice énorme dans ce monde du capitalisme, de l'économie de marché, qui conduit les uns à s'enrichir en dormant, pendant que l'immense majorité trime pour assurer sa survie et que les plus pauvres, ceux qui ne peuvent même plus trimer en sont réduits à mendier.

Certains diront que c'est simpliste et manichéen : gentil pauvre et méchant riche. Peu m'importe !
D'autres diront que c'est ringard : « on n'est plus au temps de Germinal. » Oui mais c'est peut-être pire !
Les gens raisonnables, les braves gens diront que « Quand on veut on peut s'en sortir... »

Pardonnez-moi, mais ma radicalité, si c'en est une, vaut bien toutes ces fadaises!

Selon moi, quand on s'appelle TARBY, on ne devrait pas être de droite. Pourquoi? Parce que la droite est la famille politique qui soutient la cause de la bourgeoisie et méprise les classes défavorisées. Il est donc tout à fait normal que les classes aisées fassent confiance à la droite. Sans surprise, elle fait le job, elle défend leurs intérêts.

En revanche, un électeur des classes populaires ou moyennes qui vote à droite, trahit son camp ou se trompe. Certes, la gauche n'est pas toujours ce qu'elle devrait être, j'en conviens. Mais delà à lui préférer la droite, il y a là de toute évidence, un manque de maturité politique, où alors une volonté délibérée de se situer dans le camp des possédants et c'est encore pire. De grâce que l'on m'épargne le discours des « bonnes idées » qui peuvent être à droite aussi bien qu'à gauche. C'est un discours de personnes de droite qui n'assument pas.

J'ai défini à grands traits le contexte de mon enfance.
Il faut savoir que mes autres frères et sœurs au nombre de 8, ont connu des conditions semblables et parfois même largement pires pour les plus âgés.

Pour autant, aucun d'entre nous n'a sombré dans la misère ou la délinquance. Chacun a tracé son sillon dans ce monde de brutes. Cependant, au nom de quoi serions-nous autorisés à donner des leçons à ceux « qui n'y arrivent pas »? Certainement pas de mon point de vue et je deviens vite agressif quand on aborde cette question.

Je l'affirme haut et fort, j'ai un certain mépris pour la bourgeoisie souvent composée de crétins satisfaits parfois incultes et mêmes vulgaires qui aujourd'hui affichent de plus en plus leur mépris de classe quand ils parlent de « la racaille. »

Moi, celle que je supporte pas, c'est la racaille en col blanc : CARLOS GHOSN, Nicolas SARKOZY, François FILLON, Gérôme CAHUZAC, Dominique STRAUS KANN, Bernard ARNAUD, Alexandre BENALLA, Patrick BALKANY.

Certains seront choqués de me voir désigner ainsi un ancien président. Sincèrement, s'ils pensent que SARKOZY est un homme qui mérite le respect, alors je ne peux que les laisser à leur naïveté ou leur malhonnêteté. Et s'il était blanchi par la justice dans toutes les casseroles qu'il traîne? Cela ne prouvera nullement sa vertu, ce sera encore pire.

Cela voudra dire que la France est un pays où la crapulerie est récompensée! Ceux qui pleurnichent contre les privilèges des fonctionnaires feraient mieux d'ouvrir les yeux sur la véritable injustice de classe.

Réussir ou n'être rien, c'est le dilemme dans lequel celui qui nous sert de président veut nous enfermer.

Mais au fait, réussir c'est quoi? Voici les meilleures réponses selon les valeurs de la droite :

- Devenir Patron ?
- Devenir milliardaire ?
- Avoir une Rolex à 40 ans ?
- Être entouré de laquais ?

Rien de tout cela ne me fait rêver.

A ces stupides valeurs de droite, j'oppose ma vision d'une vie heureuse :

- Je suis heureux de l'éducation que j'ai reçue, elle m'a permis de tracer mon sillon.
- Je suis heureux de ma vie professionnelle si riche sur laquelle je reviendrai.
- Je suis heureux de ma vie sentimentale et familiale.
- Je suis heureux d'avoir encore des projets à près de 70 ans.
- Je suis heureux d'avoir appris pendant toute ma vie et d'avoir encore envie d'apprendre.
- Je suis heureux d'être musicien, même si je ne suis pas un virtuose.
- Je suis heureux de fabriquer des jouets et objets en bois.
- Je suis heureux d'avoir une maison, un jardin et un verger.
- Je suis heureux d'avoir survécu, face à la maladie.
- Je suis heureux de me lever chaque matin avec enthousiasme.
- Je suis heureux de m'installer dans ma véranda, face à un environnement luxuriant pour écrire ce livre dans la quiétude du printemps.

Je souhaite à mes lecteurs la même chose et même davantage s'ils le peuvent.

Religion quand tu nous tiens !

« La religion c'est l'opium du peuple. » Karl MARX
L'opium du peuple ? Mais Bon Dieu si seulement ! En l'occurrence, je consommerais avec plaisir plusieurs fois par jour. Je ne sais pas comment procède le « troupeau cul béni des derniers communiants » [3] pour trouver le nirvana, mais chez moi, ça ne le fait pas vraiment.
Que dire de mes souvenirs dans ce domaine, sauf à évoquer une forme de maltraitance ?

Lorsque j'étais gamin, il fallait se lever très tôt. La messe avait lieu à 7 H 15 et il y avait un km à parcourir à pied. A 11 H 30 à la sortie de l'école, direction le presbytère pour le catéchisme jusqu'à 12 heures 30 avec des séances de stage à genoux dans le couloir, la distribution de gifles, et parfois même le pain sec. Le jeudi, encore et toujours la messe et ensuite le catéchisme toute la matinée.
Pas question d'échapper à cette galère faite « pour mon bien », n'en doutons pas.
« Oh merci Monsieur le Curé, vous êtes vraiment trop bon avec les créatures ! » comme disent les bigotes.
Le curé de notre village à cette époque était, paraît-il un brave homme, parfois un peu nerveux mais juste plein de bonne volonté, comme l'affirmaient volontiers les « culs bénis » du village.
Il employait une expression, un élément de langage fait d'un mélange de français et d'allemand lorsqu'il nous

---

[3] Expression empruntée à Henri TACHAN, artiste anarchiste

menaçait : « J'en connais qui vont encore se faire schlaguer ! » [4] Un peu nerveux en effet... Comme c'est gentil. Cela n'évoque rien pour vous la Schlague ? !

J'avais un avantage, c'est que je retenais assez bien les réponses de catéchisme. C'était du « par cœur » et ce n'était pas très compliqué.

La cour de l'école jouxtait le jardin de la cure, et je me souviens être allé demander l'autorisation de récupérer le ballon perdu parmi les plates bandes. Il y avait parfois des réunions de tous les curés du coin, autour d'une bonne table garnie de toutes les bontés offertes par les paroissiens. Je les vois encore tous ces monstres en soutane, au ventre bedonnant, se goinfrant sans retenue d'agapes de toutes sortes et de bonnes bouteilles. Bon Dieu que le corps et le sang du Christ devaient avoir bon goût dans cette ambiance feutrée à l'odeur de cigare et d'alcool blanc.

J'ai également le souvenir d'une messe qui s'était bien mal terminée pour moi. Le célébrant était un curé du village d'à côté qui devait assurer sans doute l'intérim. Vers la fin de l'office il me surprend entrain de rigoler, crime de lèse majesté à ses yeux sans doute.

---

[4] Expression issue du verbe allemand « SCHLAGEN » en français : « Battre »

D'un geste péremptoire, il m'indique le lieu où je dois m'agenouiller. Il   célèbre ensuite   une cérémonie de baptême en me laissant mariner.

Je rumine ma déception en pleurant à l'idée que je ne verrai pas la couleur des dragées, habituellement offertes aux enfants du village par la marraine. Je vois encore cet homme en noir, sûr de lui et dominateur, paradant au milieu de cette famille avec les « punaises de sacristie » du village qui n'en finissent pas de minauder avec des « Monsieur le curé » comme s'il en pleuvait...

Belle consolation, la marraine, une belle femme, échappe un instant à la vigilance de l'homme d'église. Émue par mes sanglots, elle vient glisser dans la poche de ma veste un sachet de dragées en caressant mes cheveux. Une once de bonheur dans un désert de tristesse.

Nul doute que le plouc en soutane sera invité au repas de cérémonie pour se garnir la panse. Une fois le baptême terminé, il revient vers moi en me tirant les oreilles au point de m'arracher des hurlements avant de me libérer non sans avoir proféré quelque menace « si je ne me tiens pas à carreau ».

De retour à la maison, double peine : je reçois l'engueulade de ma vie   et le père me remet à genoux sans manger, « pour m'apprendre à traîner, après la messe. » Décidément ce n'est pas mon jour...

Cet homme d'église-là, était véritablement abject. Lorsque j'en parle à celles et ceux qui l'ont connu, ils confirment, les femmes en particulier.

J'ai été également témoin d'une autre scène le concernant alors que j'étais enfant de chœur. (Rien ne m'a été épargné.) Il s'agissait d'une messe d'enterrement.
Une fois la messe terminée, le curé et les servants de messe se retirent à la sacristie pour enlever leurs vêtements sacerdotaux.

Une dame fort bien mise entre alors dans le local, avec sous les yeux les stigmates de ses pleurs. Il s'agit sans doute d'une personne représentant la famille. Elle vient inviter le curé au repas de midi qui suit les obsèques.

Il lui saisit alors la main pour la remercier chaleureusement…   La main se fait de plus en plus chaleureuse au point même d'en devenir baladeuse. Dois-je donner davantage de détails ? Je perçois une certaine gêne de la part de la dame, mais j'imagine aujourd'hui qu'elle devait se dire que « Du moment que cela vient de Monsieur le Curé... »
J'en oublie de continuer à me changer ce qui me vaut une injonction courroucée de la part du bon pasteur. « Tu vas dégager toi enfin !? » Quel dommage que je ne puisse vous raconter la suite ! D'autant qu'un copain m'avait dit un jour que mes livres se vendraient mieux avec une pointe d'érotisme ! Désolé mais je ne peux pas en écrire plus que je n'en ai vu !

Un peu plus tard en 1963, le temps est venu de faire ma communion solennelle.

C'est le même pasteur qui est chargé d' encadrer les brebis, et de nous préparer avec 3 jours de retraite.

Pour le coup, il est très adouci. Il nous explique que ce qui nous arrive est formidable au printemps de notre vie, et nous autorise à nous détendre…
 Les gourous des sectes font la même chose pour installer la confiance. Nous prions certes mais nous allons aussi nous balader dans sa voiture l'après-midi, « prendre les 4 heures » chez quelque bonnes dames patronnesses. Tout pour être heureux !

Mais lorsque je m'éveille au matin de ce jour fatidique, je ressens un vague malaise.

On me demande un engagement qui me dépasse. Je dois réciter la formule : « Devant Dieu, devant mes parents, devant ma paroisse, je promets de rester fidèle à Dieu toute ma vie… » Je n'ai rien oublié ! Bon sang mais qui se rend compte de ce que l'on peut demander à un gamin de 13 ans en 1963 ? Lors des répétitions, le corbeau[5] est content de moi parce que je sais réciter la formule parfaitement alors que mes collègues bégaient, accrochent, hésitent. Ce sont eux qui ont raison de se méfier et je ferais mieux de me taire !

---

[5]Corbeau : Nom attribué par les anti cléricaux aux curés en raison de « l'estime » qu'ils leurs portent. La Marseillaise anticléricale
composée en 1881, appelle les électeurs à « disperser les corbeaux. »

Me voici pour une fois, en mode premier de la classe mais tout n'est qu'illusion.

En réalité je suis incongruent[6]. Le message que je délivre n'est pas en phase avec mon état d'esprit. Incongruent j'ai été pendant la répétition, incongruent je serai lors de la cérémonie officielle.

Je me lève sans enthousiasme, torturé par ce qui m'attend.

J'arrive dans la cuisine où l'odeur du café me fait du bien mais ma satisfaction est de courte durée.

« Alors on ne dit pas bonjour à sa maman le jour de sa communion ? ! »
  Le reproche me gonfle. « Maman, s'il te plaît lâches moi. » Voilà ce que je dirais si j'étais sincère !

J'en suis hélas bien incapable et ce malaise me ronge. Je n'ose pas faire part de mon terrible doute, je ne sais que trop ce qu'il en adviendrait si je le faisais. Tout le monde me dirait ce qui est bon pour moi et je devrais de toute façon obéir. Mon petit déjeuner a un goût amer.

____

[6] La congruence en psychologie est une notion issue de l'œuvre de Carl ROGGERS : Mettre en alignement ce que l'on dit, ce que l'on fait, ce que l'on est...

La cérémonie se déroule sans anicroche et comme prévu, je fais le cinéma de l'engagement à Dieu pour la vie.

Arrive ensuite le moment du repas de fête dont « je suis le héros », c'est ma marraine qui le dit, ma tante sœur. Je suis installé en bout de table, à côté de mon père. Il y a un cadeau dans mon assiette.
J'espère qu'il s'agit d'une montre, le paquet y ressemble et j'aimerais tant qu'il en soit ainsi. La plupart des communiants reçoivent une montre en cadeau. J'ouvre la boite : déception, stylo 4 couleurs... C'est bien aussi mais bon... A la fin du repas, une autre de mes tantes me remet un billet de 10 francs. Je m'en souviens puisque c'est le premier de ma vie. Je résisterai longtemps avant de le dépenser. Je le conserverai dans l'écrin du stylo 4 couleurs. Voyez comme j'étais un bon garçon ! Le souvenir de cette journée me laissera toujours un goût amer, moi JCT l' écorché vif quand il s'agit d'intégrité, ce jour-là, j'ai triché et cela m'a rendu triste.

Ce souvenir laissera des traces au plus profond de moi-même : culpabilisation, frustration, baisse de l'estime de soi et j'en passe... C'est une des rares fois où l'enfant rebelle qui était en moi s'est tût, et je mesure aujourd'hui ce qu'il m'en a coûté.

Revenons à ma marraine, ma tante sœur. Aussi bizarre que cela puisse paraître, ma tante religieuse saura, elle, conquérir mon affection et je la lui conserverai jusqu'à son décès il y a quelques années.

Bien sûr, il y aura de fortes turbulences entre nous, du fait de mon éloignement de la foi.

Je l'en informerai sans ménagement mais jamais, elle ne me méprisera malgré sa position dominante, et de mon côté, jamais je ne me moquerai de son engagement.

Autre curé, autre histoire, un peu plus tard dans mon adolescence vers l'âge de 16 ans environ. Nous sommes dimanche après-midi et j'entre dans l'église pour les Vêpres. Mon Dieu que de temps perdu ! Le sacristain est absent et le curé me donne l'ordre de le remplacer, ce dont je me passerais bien.

Juste au dessus de l'hôtel, trônent de grands cierges que je dois allumer. Compte tenu de ma petite taille, j'ai toutes les peines du monde à atteindre les mèches, mais j'y arrive, merci mon Dieu. Un courant d'air pendant les vêpres et l'une d'entre elles s'éteint.

Le prêtre ne manque pas de me le reprocher en sortant. Je proteste en disant que c'est un courant d'air qui a éteint la bougie, quand brusquement, une gifle me cingle le visage avec une violence inouïe. C'est comme une décharge de tonnerre qui s'abat sur moi.

La violence est telle que plusieurs jeunes filles du village témoins de la scène, viennent ensuite m'embrasser en guise de consolation.

Je fais savoir à mes parents que je ne mettrai plus les pieds à l'église, mais je reçois l'ordre d'obéir, de me taire, et de continuer à me mettre à la disposition du curé. Il me sollicite chaque Dimanche pour le seconder, tourner les pages de son livre de prière sur le lutrin. Certains de mes amis me surnomment « le faux curé » ou pire encore, « le sous curé », ce qui me met hors de moi. Je n'en peux plus de cette situation humiliante et je cherche une solution pour m'en sortir.

Ma planche de salut sera la musique, aussi bizarre que cela puisse paraître. Beaucoup de mes amis d'aujourd'hui sont abasourdis d'apprendre que j'ai été organiste. Un harmonium a été installé chez nous depuis plusieurs années et je me suis « fait la main » dessus. En suivant les conseils de mes parents, je vais voir le curé en lui exprimant mon choix de tenir l'harmonium de l'église, s'il accepte de me donner des leçons. Il est ravi, d'autant que l'organiste titulaire est en partance.

Ma sœur qui a tenu ce poste un peu plus tôt me fait bénéficier de son expérience en m'apprenant les bases du solfège notamment. Je suis loin de maîtriser, mais j'y vais au bluff. Le curé qui est censé m'apprendre à jouer se rend assez vite compte que je dépasse son niveau et miracle, il me laisse la paix.
Je n'en reviens pas de mon audace encore aujourd'hui. Sans préparation je me lance dans l'accompagnement de cantiques que je n'ai jamais entendus.

Ma méthode : je demande aux chanteurs de chanter en répétition, j'écoute et ensuite je joue… Je suis capable de déchiffrer les notes sur les partitions mais je distingue à peine la différence entre une noire et une croche. L'atout maître dont je dispose, c'est mon oreille.

Je suis censé entraîner les chanteurs et en fait, ce sont eux qui me montrent la voie, c'est un comble ! Lors des messes d'enterrements je déchiffre les chants grégoriens au pied levé, sans préparation ! Cela flotte, mais ça passe, miracle biblique sans doute ! Ma chance, c'est que le tempo est assez lent et la structure mélodique sans surprise, faite le plus souvent de répétitions lancinantes. Personne ne remarque mon amateurisme, et petit à petit j'acquiers une pratique qui me permet de tenir la route. Toujours est-il que je retrouve la sérénité. C'est tellement mieux que d'être l'adjoint du curé !

Quelle est donc ma vision des choses au niveau de la religion catholique ?

1- Je suis agnostique. Je ne sais pas si Dieu existe, mais comme dirait BRASSENS, s'il existe, il exagère.

2- Selon moi, la maltraitance des enfants est un acte délictuel qui doit être puni d'où qu'il vienne. Je n'accepte pas la complaisance à l'égard de la « curaillerie », lorsque j'entends dire que les curés sont des « hommes comme les autres ! »

3- Il faudrait entendre par là qu'ils ont des besoins, et que les femmes et les enfants devraient accepter de passer par leurs pattes, du moment qu'ils sont des hommes de Dieu !?
C'est lamentable, inacceptable, honteux ! Comment admettre la bienveillance générale vis-à-vis de tous les cas d'agressions sexuelles subies par les enfants, les religieuses littéralement victimes de viol, le laxisme de la justice vis-à-vis du cardinal BARBARIN qui a couvert de multiples crimes ?

4- J'accepte volontiers que l'on critique mon analyse, mais de grâce, qu'on ne me demande pas de donner dans le « bénissez-moi mon père parce que j'ai péché ». Que l'on m'épargne la lamentable théorie de la transcendance des hommes d'église qui soit- disant dépasserait ma capacité à comprendre la complexité du phénomène religieux.

5- Je trouve regrettable que l'on m'ait obligé à suivre une voie qui n'était pas la mienne.

6- Sur ce point, une réponse du genre : « c'était pareil pour tout le monde » ne saurait me satisfaire. Aussi, j'ai refusé d'imposer à mes enfants une religion en dépit des reproches amers qui m'ont été attribués.

7- Je ne suis pas un laïcard sectaire.

8- Les crèches de Noël ne me dérangent pas, même si je n'en fabrique pas. Je ne hurle pas lorsque je vois une croix.

9- Mais, lorsque FILLON utilise sa qualité de chrétien comme argument électoral, lorsque SARKOZY profite de son statut de président pour multiplier les écoles confessionnelles, lorsque le même SARKOZY , dans son rôle de président, vient se prosterner comme une larve devant Benoît XVI avec des «très saint père» à chaque phrase, lorsque les MORANO et LE PEN relayées par ZEMMOUR nous rebattent les oreilles sur « nos racines chrétiennes», lorsque les catos sont dans la rue pour dénoncer le mariage pour tous à coups de Marseillaise, je dis qu'il y a un mélange des genres qui n'est pas acceptable.

Permettez-moi d'ailleurs de me moquer quand je vois toutes les personnes que je viens de citer se réclamer des « racines chrétiennes » alors qu'elles méprisent toute forme de solidarité, refusent l'accueil des migrants et piétinent régulièrement les pauvres et les chômeurs, il faudra m'expliquer où se situe la cohérence. Les temps changent. Dans les années 70, les catos étaient de gauche, proches de l'abbé Pierre.

8 - Aujourd'hui, cela tire plutôt du côté de l'abbé COTTARD, vous savez ce curé scout et facho, qui agressait et violait les enfants.

9 - Bon, les voies du seigneur sont impénétrables et je ne suis sans doute pas assez intelligent pour comprendre cette fameuse transcendance qui habite les hommes de Dieu !

10 - Selon moi, une religion devrait rester une religion et non s'ériger en force politique. Certains en parlent beaucoup à propos de l'Islam. On peut en dire autant pour la religion catholique. Or, le Vatican est un véritable État politique. Associé à la CIA, ce qui n'est pas forcément très glorieux, il a joué un rôle déterminant dans la chute du communisme. C'est sans doute cette mission effectuée qui a permis au bon pape Jean PAUL II de décrocher les galons de la canonisation.

L'autre artisan de la chute du communisme était Lech WALESA, bras droit de sa sainteté, héros tant béatifié par la CFDT. Je devrais m'en réjouir ? Pardon mais permettez-moi de prendre quelque recul.

Dans les années 80, la CFDT m'a demandé de porter le badge SOLIDARNOSC . Je ne suis pas sûr d'avoir eu raison de le faire. De surcroît, l'église a soutenu les dictatures de FRANCO en Espagne et de PINOCHET au CHILI comme toute la droite française d'ailleurs, Giscard d'Estaing en tête !

Alors pardonnez moi de ne pas rejoindre le troupeau de ce que Monsieur BUSCH nommait « l'axe du bien... »

 Je vous laisse réfléchir sur ce point.

Ci-dessous, un extrait de « La Marseillaise anti cléricale »
Chanson composée en 1881 par Léo TAXIL

« Quoi ! Ces curés et leurs vicaires
Feraient la loi dans nos foyers !
Quoi ! Ces assassins de nos pères
Seraient un jour nos meurtriers ! (bis)
Car ces cafards, de vile race,
Sont nés pour être inquisiteurs...
À la porte, les imposteurs !
Place à la République ! Place !

Aux urnes, citoyens, contre les cléricaux !
Votons, votons et que nos voix
Dispersent les corbeaux ! »

Le soixante-huitard attardé

« Il faut liquider Mai 68 »
Nicolas SARKOZY

« J'me souviens surtout de ces moutons
Effrayés par la liberté,
S'en allant voter par millions,
Pour l'ordre et la sécurité… »
RENAUD

Pour bien comprendre le phénomène de Mai 68, il importe de bien poser les éléments de contexte, y compris au niveau international, de toute la décennie des années 60 et de celle qui a suivi. Plongeons un instant dans ce climat international qui sent si bon la remise en cause de l'ordre établi.

La Grande Bretagne abolit la peine de mort en 1966.

Aux USA, en 1967, les homosexuels ont le droit de se comporter comme bon leur semble en privé.

L'avortement devient légal dans ces mêmes pays et la pilule contraceptive fait son apparition.

D'une manière générale, le bouleversement arrive par la loi, mais aussi et surtout par la musique. Le Rock N' Roll jaillit de la guitare d' Elvis PRESLEY, laissant sans voix les conservateurs de tous poils, et séduisant les jeunes.

4 garçons aux cheveux longs et en costume cravate, musiciens d'une exceptionnelle qualité, font également retentir le rock. Les BEATLES sont nés.
Bob MARLEY et BOB DYLAN sont les porteurs de ce courant révolutionnaire. Il faut souligner les mérites du chanteur français Hugues AUFRAY, formidable ambassadeur de l'œuvre de DYLAN.

De même en France, le triangle d'or du rock avec JOHNNY, EDDY MITCHEL et DICK RIVERS font la une. Les artistes plus « classiques » résistent comme ils peuvent à cette lame de fond : BECAUD, BEART, TRENET, AZNAVOUR, SALVADOR ont le talent qui leur permet de suivre leur chemin. BRASSENS et BREL, après avoir galéré comme des malades pour survivre, commencent enfin à connaître des jours meilleurs. Un autre et non des moindres, Jean FERRAT fait l'objet en 1962, de censure par le pouvoir gaulliste.
La révolte des marins du POTEMKINE constitue un mauvais exemple et la chanson est, dit-on, déconseillée sur les ondes ! Quelle idiotie ! S'ils avaient su ce qui les attendait !

Les censeurs s'acharnent contre FERRAT. Dans une émission de grande écoute, la même année, il déclare :

« Je suis naturellement du côté des exploités et non des exploiteurs. » Le lendemain il s'entend dire : « Vous Monsieur FERRAT, ne remettrez jamais les pieds sur un plateau de télévision. » Rien n'y fait, FERRAT ne se taira pas. En 1980, il dénonce les dérives staliniennes dans sa chanson « le bilan . » La droite l'accuse de retourner sa veste ! Pauvres imbéciles ! Jean n'a aucune peine à expliquer que la chute du communisme ne saurait rendre plus vertueux le capitalisme. Il poursuit courageusement son combat.

La décennie 60, c'est aussi l'apparition des premiers festivals en plein air. Cela commence à MONTEREY, en Californie où près de 200 0000 personnes se retrouvent pour écouter la music pop. Le festival de WODSTOCK est également resté dans les anales, de même que le rassemblement de l'île de WIGHT, immortalisé par Michel DELPECH. Ces éléments constituent un ensemble, une clef de lecture du bouleversement sociétal qui va suivre et qui fera s'étrangler toute la droite.
Même le cinéma s'en mêle avec la sortie du film, « A bout de souffle » de GODARD qui traduit parfaitement ce climat d'insouciance où les barrières se lèvent.

« Les années 60 n'étaient pas la solution mais juste, un aperçu de la possibilité » dira plus tard John LENNON.

Il n'est pas faux de dire que je suis un soixante-huitard attardé. Mais le qualificatif me concernant, n'a rien à voir avec la « version officielle ». L'expression est habituellement employée par les détracteurs de l'esprit de Mai 68, selon lesquels une telle vision serait complètement dépassée aujourd'hui. Or, à propos de moi, je voulais surtout dire que je suis devenu adepte de l'esprit de Mai bien après les événements, dès lors que je me suis approprié les clefs de lecture de cette période charnière.

Mes amis d'aujourd'hui pensent volontiers que JCT a fumé de l'herbe et était présent sur les barricades en 1968. Il n'en est rien. Je ne dis pas que je n'aurais pas aimé, mais cela ne s'est pas produit. Côté NIRVANA, je me contentais de fumer des gauloises sans filtre. Ma cardiologue me le reproche encore aujourd'hui.

De barricade, il n'y en avait pas dans mon village de PLAIMBOIS DU MIROIR. Je me souviens juste du Maire qui venait se lamenter auprès de mon père, en affirmant que l'on « allait tout droit à l'anarchie ».
Si seulement !
J'étais en classe à l'époque, à la Maison Familiale des Fins, établissement d'enseignement agricole privé, qui était le refuge de la plupart des fils d'agriculteurs.

Avec mes amis, nous avions signé une pétition pour demander la suppression des « pions » et réclamer des « veillées libres».

Le Directeur nous avait servi un discours moralisateur et culpabilisant sur le thème : « Vous vous prenez pour des étudiants d'université ?! » J'avais signé le document, mais je n'en étais pas à l'origine. L'un de nous avait eu aussi la bonne idée de confectionner un drapeau avec sa serviette rouge et de le fixer au grillage qui délimitait la propriété ! 15 minutes plus tard, le Directeur était envahi de coups de fils des habitants qui protestaient énergiquement contre cet acte indigne de la part d'élèves d'un établissement aussi respectable.

Nous eûmes droit à un rappel à l'ordre immédiat avec obligation de rédiger une lettre d'excuses. Oh ! Ce n'était pas très méchant. Ensuite, les événements se sont déroulés et je m'y suis intéressé, mais sans plus.

En 1968, je peux dire que j'étais un peu en retard de maturité. J'étais à l'époque un garçon timide et même effacé. Je n'étais pas très costaud physiquement et la discrétion était pour moi un moyen de ne pas trop subir la violence de mes compagnons de classe qui, contrairement à une idée reçue, existait déjà bel et bien. L'actualité, je la suivais bien sûr, mais je n'avais que peu de clefs pour la décrypter. Il faut surtout dire que ma préoccupation était ailleurs. Je vivais alors ma première déception sentimentale.

Lors d'une soirée jeunes, je rencontre JEANINE, l'institutrice de la petite classe.

Le coup de foudre est violent et le moins que l'on puisse dire est que je ne suis pas habitué à ces émotions fortes.

Elle a juste 20 ans et j'ai l'impression de découvrir une princesse, un ange. Je suis bien incapable de lui déclarer ma flamme. Comme elle est intelligente, elle comprend bien que j'en pince pour elle, elle m'annonce tout de suite la couleur en me disant qu'elle a un fiancé, on disait comme ça à l'époque. « Entre toi et moi, ce sera l'amitié ou rien du tout. »

Comme je suis raisonnable, je prends l'amitié tout en me disant « qu'on ne sait jamais ». Je suis plein de sollicitude à son égard. Elle est plus que gentille avec moi. Elle me reçoit chez elle le dimanche après midi, et le soir après l'office religieux. Nous parlons de tout et de rien et elle m'offre souvent un verre de rhum, alors que je fume une cigarette après l'autre, en savourant ces instants dorés. Un soir de Juin, elle m'annonce qu'elle ne reviendra pas l'an prochain. Je lui arrache le dernier rendez vous.

Au moment de nous séparer, je lui demande une photo en pleurant. Émue, elle m'embrasse mais elle me dit ne pas avoir de photo. Je rentre chez moi la mort dans l'âme, et les jours qui suivent sont cauchemardesques, sans que je puisse confier mes états d'âme à qui que ce soit.
Je lui ai écrit plusieurs lettres, et avec patience, elle a répondu à chacune d'entre elles, jusqu'au jour où elle s'est mariée et je l'ai perdu de vue.

J'étais donc bien loin de la philosophie de Mai 68. Cependant, j'ai un souvenir intact du moment le plus important de la fin du conflit avec le discours du Général de Gaulle le 30 Mai.
La crise politique et sociale atteint à ce moment-là son paroxysme.
Le chef de l'état a disparu depuis 48 heures en s'envolant pour une destination inconnue, son hélicoptère échappant à la vigilance des radars. Sa disparition laisse penser que le pouvoir est vacant. MITTERAND et MENDES ont d'ores et déjà annoncé se tenir prêts pour assurer la présidence. Mais voilà que le retour du général est annoncé avec une allocution radio télévisée prévue pour 16 heures. Dès lors, la question que se posent tous les observateurs est la suivante : « Que va dire et surtout que va faire De Gaulle ? » La rue aimerait qu'il parte mais…

A ce moment-là, je travaille avec mon père à couler une dalle en béton et je ne suis pas déçu de la pause que va permettre le discours, mais elle sera de courte durée. Mon père qui voue au chef de l'état une admiration sans borne se risque à un pronostic. « Tu vas voir que le « grand Charles » va te remettre de l'ordre dans ce bordel là ! lâche t-il »

Ah il ne sait pas à quel point il a raison le papa ! Quelques instants plus tard, il pourra triompher sur le thème « Je vous l'avais bien dit ! »

De Gaulle apparaît à l'écran de la chaîne unique, le visage plus grave que jamais. Sa voix joue et même surjoue le côté dramatique mais il va droit au but.

En moins de deux minutes l'affaire est pliée : Il ne se retirera pas, « dans les circonstances présentes » précise-t-il, ce qui n'est pas neutre. Il annonce la dissolution de l'assemblée nationale.
Sa voix est sur le point de se briser quand il affirme « La France est menacée de dictature… » Après l'émotion, tout de suite la menace : si le désordre de la rue continue malgré ses annonces, alors il sera dans l'obligation d'utiliser d'autres moyens. La voix devient plus forte et plus glaciale.
Selon lui, le maintien de l'agitation est destinée à profiter au vainqueur « Le communisme totalitaire». Les politiciens au rancart qui encouragent aujourd'hui la chienlit, ne pèseront alors que leur poids, et il ne sera pas lourd ! » Eh bien non ! » martèle- t - il ! L'indépendance et la paix l'emporteront ! Vive la République ! Vive la France ! »
C'est fini... La marseillaise retentit plus solennelle que jamais. Malgré quelques poches de résistance ici ou là, les étudiants vont peu à peu reprendre le chemin de l'université, les ouvriers celui de l'usine, l'essence va revenir.
Une immense manifestation gaulliste se déroule sur les Champs Élysées.
L'élection législative qui suit, attribue une écrasante majorité à l'UNR (Union Nationale pour la République.)

A son aide-camp qui le félicite, le général rétorque amer :
« Tu parles ! Ils ont eu la trouille c'est tout… »

J'ai cherché à me documenter pour tenter de comprendre
cet épisode rarissime.
Mon analyse et les éléments d'informations sur lesquels
je m'appuie, pourront toujours être contestables. Je me
risque cependant à la livrer. [7]

Certains admirateurs dirent que De Gaulle en deux
minutes avait retourné le pays. C'est un peu exagéré,
mais il faut bien reconnaître qu'il s'agit d'un coup de
maître en matière de stratégie politique. Macron peut
toujours en rêver. Tentons d'y voir clair. Au moment où
il prononce son discours, le chef de l'État dispose d'une
page d'avance et non des moindres. Il dispose dans son
jeu d'une carte maîtresse dont ses adversaires ne
connaissent pas l'existence. Cette carte a pour nom
MOSCOU. Avec l'aide de MASSU, De Gaulle a
rencontré la diplomatie soviétique. Il a été question des
événements et aussi de l'invasion de la Tchécoslovaquie
par les chars russes.
Les termes exacts de l'accord conclu ne sont pas connus
mais ce qui est établi, c'est que De Gaulle sait qu'il n'a
plus rien à craindre désormais de la CGT. D'ailleurs, la
manif du 28 qui faisait trembler toute la droite s'est
déroulée dans un calme, absolu, à la surprise générale…

---

[7]Source : L'accord secret de BADEN BADEN Editions du Rocher

Alors, lorsqu'il agite l'épouvantail du communisme totalitaire, De Gaulle est d'une parfaite mauvaise foi. Le PCF n'a jamais été en situation de prendre le pouvoir.
Il n'a jamais joué un rôle moteur dans les événements. Il était même opposé à l'union entre les étudiants et le mouvement ouvrier. N'oublions pas que MARCHAIS fustigeait allègrement « l'anarchiste allemand», lequel, Dany le rouge, comble de l'ironie, est aujourd'hui macroniste ! Tristesse et désolation.

La CGT quoi qu'elle en dise, n'était pas un élément moteur et s'appliquait surtout à contenir les débordements gauchistes. Lors des accords de Grenelle, elle se cantonnait à la défense du bout de gras, tandis que la CFDT s'attachait à décrocher des avancées plus sociétales, bousculant davantage le pouvoir des patrons. Georges SEGUY, Le secrétaire général de la CGT, lorsqu'il se présentera devant les travailleurs de RENAULT à FLINS, essuiera des sifflets dont il se souviendra longtemps en voulant leur faire avaler les accords de Grenelle.

En désignant le PC comme l'ennemi, De GAULLE joue sur du velours. Il sait que ce parti est aux ordres de Moscou et il a obtenu l'assurance que le PCF ne lui ferait pas d'ombre... Mais il sait surtout que MOSCOU ne lui tiendra pas rigueur de ses propos. Un peu plus tard, il condamnera l'invasion de PRAGUE de manière étonnement modérée, pour la forme.

Cela s'appelle « faire de la politique ». D'autres ont fait bien pire depuis mais avec moins de résultats.

Cet élément est sans doute la clef de lecture de la réussite du discours du 30 Mai, bien davantage que le fait que le Général ait obtenu de MASSU, l'assurance du soutien de l'armée française. Comment aurait-il pu en être autrement ?
Par ailleurs la phrase : « Dans les circonstances présentes, je ne me retirerai pas » mérite réflexion.

La mention « Dans les circonstances présentes », est lourde de non dits : on peut penser que DE GAULLE prépare sa sortie, mais l'essentiel est ailleurs... Il précise :
« J'ai un mandat du peuple et je le remplirai. »

Les institutions, la constitution le lui permettent en effet. Mais il suggère par la même que d'autres éléments pourraient tenter de venir le déloger auquel cas, il aura de quoi les recevoir.

Pourtant, la victoire écrasante de l'UNR aux législatives de JUIN, ne rend pas le sourire au général. De Gaulle sent quelque part que sa fin est proche.
Non pas qu'il ait peur de voir MITTERAND prendre sa place, il sait que cela n'arrivera pas.
Mais il sait que ses faux amis de droite n'ont qu'une seule envie : le voir partir.

Il est déprimé par le fait que son projet de participation des salariés dans l'entreprise ne suscite pas l'enthousiasme général. Pompidou a déjà annoncé son opposition au projet. « Naturellement, il est banquier... » lâche amer l'homme du 18 juin.
Les notables locaux sont le plus souvent hostiles au pouvoir gaulliste et toute l'aile libérale de la droite incarnée par le jeune GISCARD D'ESTAING pointe le bout de son nez pour se placer.

En jouant sa tête sur le référendum du 27 Avril 69 à propos du Sénat et de la régionalisation, De Gaulle sait, à mon avis, qu'il va perdre. Un si fin stratège ne peut pas se tromper à ce point. Certains veulent sa peau, il la leur cède sans lutter. Son mandat lui permettrait de tenir jusqu'en 1972, mais à quoi bon ? Alors il veut sortir par le haut !

Sa démission est annoncée le soir-même du dépouillement avec la victoire du « Non».

Que dire maintenant du bilan de Mai 68 ? Naturellement, toute la droite éructe en particulier ZEMMOUR et SARKOZY sur le thème : « On a laissé libre cours au laxisme éducatif et bla bla bla, on a fait perdre aux jeunes le goût de l'effort... » Il faut répondre fermement à ces piètres analystes.

J'estime pour ma part que le mouvement de Mai a été un formidable mouvement.

La bourgeoisie a tremblé, comme elle avait tremblé en 1936 et comme elle tremble devant les gilets jaunes qui ne lâchent rien et ils ont raison.

Les ingrédients de la révolution étaient bien présents avec cette formidable mobilisation. Hélas, il n'y avait pas de réelle alternative politique à la clef contrairement à la période du FRONT POPULAIRE, où les deux conditions étaient réunies mais le pays n'a pas davantage basculé. Ainsi va l'histoire. Il est certain que le mouvement donnera lieu à une transformation profonde des mentalités, des conceptions de vie, des rapports familiaux, et de la vie au travail.

Le courant de pensée autogestionnaire auquel j'adhère encore aujourd'hui, a été planté sur le terreau de l'esprit de Mai.

La belle plante a poussé sous l'impulsion notamment de la CFDT et du PSU. On peut la décliner comme étant une remise en cause en profondeur de la hiérarchie, des structures bourgeoises et de l'organisation de la société dans son ensemble, avec pour objectif l'intérêt général, le facteur humain, finalité du système de production, en lieu et place du profit, constituant ainsi une formidable alternative à la bureaucratie des pays de l'Est, et une ambition tellement plus motivante que la trop raisonnable sociale démocratie.

Il faut noter que des figures aussi emblématiques que MICHEL ROCARD et EDMOND MAIRE se sont d'abord réclamées de l'autogestion avant de se recroqueviller dans un hyperréalisme impliquant les compromis avec la droite et le patronat, sacralisant la négociation au détriment de la lutte, et renonçant peu à peu à une transformation fondamentale de la société.

Je suppose que c'était meilleur pour leur carrière ! Pardonnez mon cynisme.

 Il s'agit d'un glissement idéologique qui ressemble fort à une trahison. Passer de la lutte de classe à la collaboration en expliquant que c'est pour le bien des travailleurs, telle a été le levier de cette pensée réformiste qui, au final, s'avère fatale à la gauche.

Le socialisme autogestionnaire implique un passage obligé par une rupture avec le capitalisme, naturellement.

Rappelons que François MITTERAND au moment où il conquiert le parti socialiste en 1973, affirme : « Celui qui n'accepte pas la rupture avec le capitalisme, n'a pas sa place au sein du parti socialiste ! » Bravo tonton ! Mais alors comment expliquer que dans ces conditions, il y ait pu avoir autant d'adhérents au parti socialiste ? Si le PS avait appliqué cette directive, il ne serai jamais devenu un parti de masse.

Le patronat et la droite se déchaîneront avec hargne contre le courant autogestionnaire utopiste, preuve qu'il était dangereux pour les classes dominantes. Le PC, partisan farouche de la hiérarchie et de l'ordre, de SON ordre, se charge efficacement du travail de sape et on peut dire qu'il excelle dans cette spécialité.

Pourtant, malgré ce déchaînement, naîtra en 1973, l'extraordinaire lutte des travailleurs de LIP sur laquelle je reviendrai. Il s'agit en l'occurrence du plus beau fruit poussé dans le jardin extraordinaire de mai : un magnifique îlot d'autogestion au sein du lamentable magma capitalisme. Hélas, l'île de beauté finira cependant par être détruite.

Les acquis sociaux de Mai sont immenses :

- Augmentation du SMIC de 35 % et augmentation globale des salaires de 7 %.
- Reconnaissance de la section syndicale d'entreprise
- Abaissement de la durée hebdomadaire du travail à 40 heures.
- Ticket modérateur ramené de 36 à 25%.

Le courant porteur a également mis sur les rails les militantes du MLF qui ont amorcé un début de révolution et obtenu le droit à l'IVG un peu plus tard.

La droite se gausse aujourd'hui de Simone WEIL.

Le combat qu'elle a gagné est certes à mettre à son crédit, mais il faut bien préciser que c'est contre son propre camp qu'elle s'est battue ! A gauche, c'était clair dès le départ !

La bourgeoisie s'est offusquée contre le remboursement par la Sécurité sociale de l'IVG. Or, depuis longtemps déjà, la fortune de ces dames leur permettait d'aller se faire tranquillement avorter ailleurs. Le mépris de classe se caractérise aussi par le malaise de la bourgeoisie quand elle voit le « petit peuple » s'élever un peu au niveau de la conquête de ses droits. Il y a un intérêt évident des classes dominantes à instaurer des barrières afin que les gueux ne puissent accéder facilement à la liberté, à la culture, à l'art, au savoir et à l'émancipation, sinon ce serait la fin de leur domination. C'est bien cela la lutte de classes et c'est pourquoi il faut la poursuivre !

De la même façon, la réforme du droit de vote à 18 ans n'est pas la traduction de la bienveillance de GISCARD, mais le résultat d'un rapport de forces qui a puisé sa source dans l'énergie réformatrice du courant de Mai 68.

Alors, il va de soi que le militant, l'insoumis que je suis ne peut que s'inscrire en faux contre tous les rabat-joies réactionnaires, qui vont jusqu'à affirmer, que si nous en sommes là aujourd'hui, c'est à cause du laxisme généré par l'idéologie soixante-huitarde.

Le syndicalisme, école d'émancipation :

« L'émancipation des travailleurs sera l'œuvre des travailleurs eux-mêmes. »
Karl MARX

« Le monde ne sera sauvé que par des insoumis... »
André GIDE

« Pour en finir avec la syndicratie » tel était le titre d'un livre écrit par le tristement célèbre François de CLOSET, paru dans les années 80. Je me souviens avoir lu l' ouvrage de ce précurseur du monde de Macron avec dépit et écœurement. Le torchon se vendrait encore très bien de nos jours, hélas ! Ai-je besoin de souligner le caractère dérisoire des arguments développés ?

« Les syndicats ont peu d'adhérents, ils ne représentent rien, ils constituent un frein au progrès, ils sont arc-boutés sur des acquis qui n'ont plus lieu d'être et blablabla. » SARKOZY et MACRON ont bien repris l'antienne.

Puisse, mon témoignage, appeler à la réflexion, les salariés qui par inculture, ignorance ou mauvaise foi, jouent contre leur camp en écoutant ces lamentables sirènes.

Dès mon adolescence, j'entends parler de grève et de syndicats par mes sœurs qui sont ouvrières.

Allez donc savoir pourquoi, le sujet me plaît... Dès que je rentre dans le monde du travail, un copain de la CGT m'en parle et il n'a pas besoin de me proposer l'adhésion, c'est moi qui la lui demande. Alain sait depuis longtemps que j'ai pris un autre chemin, mais il ne me l'a jamais reproché. On se rencontre parfois au super marché ou sur les routes à vélo, et nous adorons échanger. Les étiquettes syndicales sont sans importance pour nous. Un jour, il m'a gratifié de ce compliment : « Si tout le monde était comme toi, il y a longtemps qu'on l'aurait changé ! » Lors des manifs contre la loi travail, je l'ai félicité pour une magnifique banderole représentant un poignard dans le code du travail, au sein du cortège de la CGT. Il a apprécié.

Mais l'électrochoc qui provoque mon implication résolue dans le syndicalisme s'appelle LIP !

LIP VIVRA :
14 Août 1973, centre de tri postal de BESANCON où je travaille depuis peu. Tout se passe très vite. Des syndicalistes font irruption dans l'atelier de tri et nous invitent à « débrayer». C'est le terme qui est utilisé à l'époque. Que se passe-t-il ? Les salariés de l'entreprise LIP dont l'emploi est menacé, occupent leur usine depuis un certain temps, et ce matin, les forces de police les ont délogés sans ménagement, comme d'habitude.

A l'appel de la CGT et de la CFDT, nous quittons le travail pour descendre dans la rue, au quartier de Palente, afin de manifester notre solidarité avec les grévistes de LIP.
Nous sommes dans l'illégalité la plus totale, dans la mesure où nous quittons nos postes de travail sans préavis.
Cela me vaudra d'ailleurs un peu plus tard une convocation dans le bureau du Directeur pour une « mise en garde ». Prudent, je joue les naïfs qui a fait comme tout le monde. Mon statut est précaire, dans la mesure où je suis en quelque sorte à l'essai, je n'ai donc pas intérêt à me faire repérer.

Dans la rue les slogans raisonnent. « PTT, LIP, même combat ! » Nous sommes face aux CRS qui nous regardent et ne bougent pas. Commence alors un long défilé dans les rues de BESANCON en direction de la Préfecture. La foule est immense, je n'ai jamais vu cela, je suis servi pour ma première manif, même si j'ignore encore qu'elle entrera dans l'histoire.

Je remarque un militant CFDT que je connais, nommé Norbert DUQUET. Je l'ai rencontré à la Direction lors de mon recrutement, et c'est un ancien compagnon de séminaire de mon frère aîné. Il est armé d'un mégaphone et le moins qu'on puisse dire est qu'il ne donne pas dans la modération : « Préfet ! Salaud ! Le peuple aura ta peau ! »

Le mot d'ordre est repris à l'unisson par tous les manifestants et cela me fascine.
Il faut bien dire qu'à l'époque, je suis d'une grande naïveté. Je prends tout au premier degré en pensant que l'on va réellement se faire la peau du Préfet !

Au moment où j'écris ces lignes, j'ai une pensée émue pour Norbert, puisque j'ai assisté il y a peu, à ses obsèques.

Le slogan a cependant du sens dans la mesure où, Charles PIAGET, leader de la CFDT et fer de lance du mouvement, a été arrêté et retenu avec d'autres camarades, dans l'enceinte de la préfecture. Nous apprenons avec soulagement qu'ils seront libérés dans la soirée. On peut dire que je ne pouvais pas rêver mieux comme baptême du feu dans la lutte !

Un peu plus tard, j'assiste à ma première assemblée générale pour décider de la suite à donner au mouvement. C'est bigrement intéressant. Les débats fusent de partout et le président de séance a toutes les peines du monde à les organiser.
La lutte des travailleurs de LIP est à mon sens exemplaire à tous points de vue : exemplaire dans la détermination, exemplaire dans la forme, exemplaire dans la finalité et les objectifs poursuivis.
Ils refusent de voir leur emploi disparaître au hasard des caprices de leur patron. Ils occupent l'usine, parviennent à s'approprier un stock de montres et des machines.

Sans patron, ils font vivre leur boite. « On fabrique, on vend, on se paie », tel était leur slogan et ils l'ont réellement concrétisé !
Ce n'est pas rien. Leurs détracteurs les ont traité de voleurs, peu importe !
Ils ont montré qu'ils pouvaient se passer de la technostructure, des petits chefs en blouse blanche.

Ils avaient en main leur savoir et ils ont su en faire bon usage. Ils ont organisé des ventes sauvages au nez et à la barbe des flics qui les pourchassaient.
On peut affirmer sans hésiter qu'il s'agit d'une expérience d'autogestion réussie. Bien sûr que les obstacles rencontrés furent nombreux, que tout ne fût pas rose, mais leur histoire, aujourd'hui encore, doit servir de modèle pour réfléchir au projet de société de demain. J'ai beaucoup discuté avec Roland VITOT notamment qui était l'un de leurs leaders et j'ai beaucoup appris en l'écoutant. Il m'a expliqué à quel point il est difficile de faire sortir les travailleurs d'une logique d'aliénation. Lorsqu'une personne est habitué à travailler et se taire, il n'est pas évident de lui faire acquérir l'autonomie, de lui demander de s'impliquer pleinement dans la vie de l'entreprise, de se serrer la ceinture, car il faut le faire, dans les moments difficiles.

Le gommage de la hiérarchie n'est pas non plus évident. Dans l'entreprise traditionnelle, lorsque l'on a un problème, on en parle au chef.

Dans une entreprise autogérée, il faut chercher soi-même la solution. Rien n'est facile mais cela en vaut la peine.

Après une courte expérience de reprise par un patron nommé NEUCHWENDER, les LIP vont s'organiser en coopérative pendant plusieurs années.

Leurs adversaires vont se déchaîner. Tout le patronat du Haut-Doubs va se mobiliser pour faire couler cette boite qui représente un mauvais exemple. Le pouvoir par la voie de GISCARD D'ESTAING, donne des consignes aux repreneurs pour sanctionner les meneurs de l'action et ne pas les réembaucher. Les grévistes ne céderont pas.

Bien évidemment, le patronat et le pouvoir finiront par avoir la peau des LIP en bloquant certains circuits et dans un contexte où tout le secteur horloger peine à survivre, il va de soi qu'un îlot autogestionnaire dans l'univers du capitalisme finit forcément par céder. Il fallait qu'il cède, c'était un mauvais exemple. Cela n'enlève strictement rien au caractère exemplaire de cette lutte, dont il ne subsiste que la marque.

Je porte fièrement au poignet une montre LIP en souvenir de ces camarades et j'ai conservé précieusement la montre automatique que j'avais achetée à l'époque où ils étaient organisés en coopérative, avec un magnifique boîtier et cadran bleu océan du plus bel effet. La relique est encore en état de marche.

40 ans plus tard en 2013 une grande fête est organisée à BESANCON pour célébrer cet anniversaire.

Comme de nombreux vieux syndicalistes, je suis convié à participer à la préparation de cet événement.

Françoise PIAGET, que je connais depuis peu, me demande si je peux prendre en voiture son père, Charles PIAGET, le principal leader animateur de la grève de 1973 pour se rendre sur le lieu de réunion. Très honoré je prends contact avec lui.

> « - Bonjour Monsieur PIAGET, je suis Jean-Claude TARBY, je ne sais pas si mon nom vous dit quelque chose... »

> « Bien sûr que je te connais et tu peux me tutoyer me répond-il amicalement. »

Je passe le prendre à son domicile et une longue conversation s'engage entre nous. Je l'invite à évoquer ses souvenirs. Il m'explique comment on a cherché à le pousser à être candidat à la présidentielle de 1974. Les trotskistes et le PSU étaient derrière cette opération mais lui-même n'y tenait pas plus que cela. Il me raconte aussi son entretien avec le préfet de police :

> « Allons Monsieur PIAGET, vous êtes trop intelligent pour rester technicien chez LIP.
> Il faut envisager une carrière plus en relation avec vos qualités. »

> « Merci mais je ne suis pas demandeur, je préfère retrouver mon poste chez LIP. »

Tout est dit dans ce dialogue. On voit bien comment s'y prend le pouvoir pour éliminer l'influence de PIAGET sur ses camarades, c'est vieux comme le monde. Simplement, certains vont à la soupe, d'autres sont intègres et PIAGET appartient à cette noble catégorie.

Cet homme est d'une extraordinaire humilité. Il prépare avec soin ses interventions en rédigeant des notes détaillées, alors qu'au regard de sa notoriété, il pourrait fort bien improviser et intervenir au pied levé. J'adore le rencontrer et chaque fois que nous nous croisons lors d'une manif, nous échangeons quelques phrases.

Une vie parisienne :

Novembre 1973, je prends mon premier poste en tant que postier stagiaire, suite à mon succès au concours d'agent d'exploitation, au centre de tri de Paris Gare d'Austerlitz. Les centres de tri parisiens étaient de véritables usines, considérées par les dirigeants des PTT, comme des foyers d'infection. Les agents qui y travaillent sont pour la plupart des agents en transit qui attendent leur mutation pour retourner dans leur chère province. Alors oui, les grèves éclatent facilement, le taux de syndicalisation est élevé. Dès qu'ils arrivent, les jeunes sont pris en charge par les plus anciens qui leur indiquent les codes sociaux, les invitent à adhérer à la mutuelle des PTT.
Je suis assez vite repéré par Gérard, un creusois rude gaillard, au visage taillé à coups de serpe.

Il est respecté quand il prend la parole. C'est le leader de la CFDT. Les chefs ne l'aiment pas mais ils doivent faire avec. Gérard devient rapidement mon ami. Il me parle souvent de LIP, il fait figure de modèle pour moi. Sa rigueur, son charisme et son honnêteté font de lui un interlocuteur incontournable quand un problème se pose.

Aussi, c'est sans hésitation que j'adhère à la CFDT, la CGT m'ayant ignoré.
Les syndicats exploitent toutes les situations : un collègue se blesse et 10 minutes après, l'inspecteur principal voit son bureau envahi par une délégation de masse qui exige la mise en place d'une infirmerie. Je fréquente aussi des gauchistes. Serge, un militant maoïste, devient mon grand copain. Il est très instruit et je ne lasse pas de l'écouter. Il m'apprend assez vite à me méfier des trotskistes.
Les deux clans se font une guerre sans merci. De toute façon, les groupes d'extrême gauche n'ont de cesse de réclamer l'unité syndicale mais ils sont incroyablement divisés entre eux. Il me faudra beaucoup de temps pour y voir clair.

Ceux de lutte ouvrière ne peuvent pas encadrer ceux de la LCR d'Alain KRIVINE.
 Comme si cela ne suffisait pas, il y a aussi ceux de l'OCI (organisation communiste internationale) dont l'ennemi principal est la CFDT qui selon eux, n'est qu'un pur produit de l'église.

Dans le syndicalisme, il n'y a pas de casting ni de grand oral. Celui qui a envie de s'investir le fait, mais s'il ne tient pas la route, s'il n'est pas crédible, cela ne dure pas longtemps.

Dans ce contexte, je deviens vite le porte parole de la CFDT au sein de mon équipe de travail. Je prends mon rôle très au sérieux et je me mêle de tout, ce qui a le don d'irriter les petits chefs. Qu'un nouvel agent arrive, s'il n'a pas sa blouse et son stylo dès le premier jour, je pousse mon coup de gueule au bureau d'ordre. Je relève le moindre défaut d'organisation du travail et je rends la vie impossible aux décideurs.

Je suis par ailleurs le plus attentif possible à la qualité de mon travail, m'efforçant de me montrer irréprochable. Je sais que si je suis pris en défaut, on ne me fera pas de cadeau. Je veille à être au boulot à l'heure et je ne rechigne pas à la tâche.

Un jour, le chef me reproche de ne pas avoir détecté une anomalie, le stock de courrier n'ayant pas été traité dans le bon ordre, à savoir, du plus ancien au plus récent. Je fais remarquer à l'inspecteur que je ne suis pas cadre alors il fulmine.

« Oui mais vous qui fourrez toujours votre nez partout, vous auriez dû le voir ! » Tout cela est amusant, d'autant que je n'ai de cesse de faire courir le bruit que les chefs ne servent à rien !

Je tente de faire ma place dans ce petit monde mais mon statut est encore précaire. Je suis stagiaire et ma titularisation n'interviendra qu'au bout d'un an de travail. Les pontes de l'administration m'ont repéré et je me sens épié. Un jour, un cadre supérieur nommé GAFFORY s'approche de ma position de travail pour m'observer. Cet homme est connu pour être impitoyable, il vaut mieux ne pas avoir affaire à cet ancien militaire qui a obtenu son grade grâce au système des emplois réservés.

Tout le monde en parle avec effroi en disant qu'il faut « faire gaffe au riz.. » Ma position de travail, c'est un casier de tri. Pour m'observer il m'observe. Il regarde sa montre sans arrêt. Je me dis que cela ne durera pas mais cela dure au moins 10 à 15 minutes. Je le sens derrière moi, la pression est terrible et je finis par craquer. Je pose rageusement le courrier et je me retourne pour lui faire face en le regardant dans les yeux. « Ne vous inquiétez pas Monsieur TARBY, j'ai vérifié votre cadence de tri, comme le prévoit le règlement, et vous êtes dans les normes... » J'ai eu chaud !

Un peu plus tard j'ai de nouveau affaire à lui dans des conditions nettement moins favorables.
Je définis le contexte : nous croulons sous la charge de travail depuis un moment du fait du manque d'effectif. L'administration prend alors la décision de procéder à des déversements et à simplifier le processus de tri afin de liquider le stock. Les syndicats s'insurgent contre cette politique de sabotage et appellent le personnel à

boycotter ces consignes en travaillant selon la procédure normale.

J'aperçois alors GAFFORY le bien nommé, qui explique à des jeunes recrues les nouvelles consignes de tri simplifié.

Mon sang ne fait qu'un tour, je m'approche et je les appelle ouvertement à désobéir en les assurant du soutien total des organisations syndicales. « Monsieur, vous êtes en contradiction totale avec le droit syndical et je vais devoir consigner par écrit votre comportement intolérable. »

Un peu plus tard, je fais l'objet d'une procédure d'enquête disciplinaire. Persuadé de ma bonne foi, je reste serein, ignorant que je risque la révocation.

Les responsables syndicaux sauvent ma peau de justesse et me demandent de me tenir à carreau jusqu'à ma titularisation. Je bénéficie en fait, d'un rapport de forces favorable, créé par la grève qui suit immédiatement ces événements.

En Octobre 1974, une grève générale des PTT, d'une formidable ampleur se déclenche sur Paris et touche peu à peu l'ensemble des services pour s'étendre en province. L'étincelle jaillit des centres de tri parisiens pour gagner ensuite les guichets et les centraux téléphoniques. Il y a de graves problèmes d'effectifs et la précarité se développe. En effet, l'administration, plutôt que de recruter par concours, procède à des embauches massives d'auxiliaires pour faire le travail.

Il s'agit d'une main-d'œuvre sans aucune sécurité d'emploi et sous payée, taillable et corvéable à merci. Il y a en cette fin 1974 un mécontentement généralisé dans le secteur, et il s'agit sans doute du conflit le plus important dans l'histoire sociale de la profession.

Le Ministre, nommé LELONG, commet la bourde de sa vie en expliquant à la presse que les postiers des centres de tri font un travail idiot ! On lui fera payer cher. Dès le lendemain la clameur raisonne dans la rue juste en dessous du ministère, sur l'air de la St HUBERT :
« L'idiot, l'idiot, l'idiot ! C'est LELONG répondit l'écho ! »

La grève dure 45 jours ! Cette action me donne la possibilité de faire mes premières armes en tant que militant. Il y a une AG chaque matin et la reconduction est votée. Nous passons la journée autour d'un feu de bois devant le Centre. Cela s'appelle un piquet de grève.
Un car de flics nous surveille et parfois une voiture de bourgeois passe par là avec un chauffeur secouant la tête. Les quolibets fusent de toute part et il ne s'attarde pas.

Les manifs dans Paris se succèdent. La mobilisation s'effrite en province mais tient bon sur Paris. Le temps qui passe ne nous préoccupe pas mais la fin de l'année sera difficile financièrement pour une bonne partie d'entre nous, malgré la caisse de solidarité et les fonds que nous collectons ne constituent qu'une petite bouffée d'oxygène. Quand je pense que certains éléments de la droite réactionnaire affirment que les grévistes sont payés !

« Il faut savoir terminer une grève » disait Maurice THOREZ. Vers la fin Novembre, l'intersyndicale signe un protocole d'accord avec l'administration dont les principales avancées sont les suivantes :

- Revalorisation des primes et indemnités
- Calendrier des retraits sur salaires étalé sur plusieurs mois
- Titularisation immédiate de 6000 auxiliaires
- Droit au départ à la retraite à 55 ans pour les postiers des centres de tri
- Coup d'arrêt au projet de privatisation des PTT avancé par GISCARD.

L'extrême gauche hurle à la trahison des syndicats mais je ne partage pas ce point de vue.
Aujourd'hui encore, je considère que ces avancées sont considérables, surtout au regard de l'acharnement de la droite et du patronat à nous faire travailler toujours plus longtemps.
La déception est plutôt du côté salarial. Nos revendications étaient 1700 francs minimum et 200 francs pour tous. Cela n'aboutit pas.

Quand vient le moment de la reprise du travail, notre solidarité est renforcée et c'est en chantant l'Internationale

que nous reprenons le chemin de l'atelier. Nous nous dirigeons tout droit vers le bureau des chefs qui ont passé 3 semaines à ne rien faire et ne perdront pas leur salaire, eux ! Gérard prend la parole et ne mâche pas ses mots.
Il leur fait la leçon et il prévient : « Nous allons reprendre le boulot mais, une seule réflexion désobligeante de la part d'un cadre et la grève reprend ! »

 Vous ne rêvez pas, c'est bien cela qui s'est produit et cela s'appelle le rapport de forces.

Les chefs sont penauds, et ils mettent des gants pour venir nous parler, oui. Bien évidemment, au bout d'un certain temps, les choses rentreront dans l'ordre, mais le phénomène que je viens de décrire est intéressant pour l'analyse d'un mouvement social. Ce n'est pas directement palpable, mais sur le plan de la lutte, c'est une avancée considérable et cela montre qu'il est possible de faire bouger les lignes au niveau des rapports au travail.
Je ne comprends pas qu'aujourd'hui, un chefaillon puisse faire régner la terreur sur une équipe de travail. Il suffirait d'un peu d'action collective et la peur changerait de camp.

J'ai beaucoup appris pendant cette grève. Je suis trop jeune pour être l'un des piliers de la lutte mais je commence à prendre la parole et dans les manifs, les responsables n'hésitent pas à me confier le micro, eu égard à ma voix de camionneur et mon chant qui sonne juste.

Peu à peu, j'interviens au moment de la pause. Je prépare soigneusement mes interventions la veille au soir. Parfois, je parle même sans papier et un camarade de la CGT, me fait remarquer : « Quand je te vois intervenir sans papier, je me dis que tu vas taper fort. »
La matière première ne manque pas. Il y a la répression syndicale à dénoncer, le manque d'effectif, les conditions de travail, la modernisation des centres de tri avec tous les enjeux qui s'y rapportent. Notre travail sera bientôt automatisé avec des machines à notre place alors il y a mille choses à débattre bien sûr.

Je me souviens aussi de ma première audience. Il s'agissait d'une audience commune, CGT CFDT, auprès du Directeur départemental, pour statuer sur des affaires disciplinaires.
C'est impressionnant à l'époque. Le Directeur nous reçoit derrière son bureau, cigare à la bouche, et nous syndicalistes sommes assis sur de minuscules sièges très bas.
Nous avons l'air de cafards face au géant. C'est lui qui distribue la parole et il faut lever la main pour l'obtenir.
Au moment où je prends la parole, j'argumente sur le cas d'une collègue qui travaille dans mon service. Son dossier est constitué de nombreuses absences irrégulières. Je fais valoir sa situation difficile de mère célibataire en expliquant que j'ai obtenu de sa part l'engagement d'une amélioration dans la présence au travail. C'est exact mais j'ai dû le lui arracher.

En fin de séance, j'entends le Directeur annoncer qu'il réduit la mise à pied de la personne confirmée de 15 jours à 8 jours, compte tenu des arguments évoqués. Franchement je n'en espérais pas tant. Je n'aurai pas cette chance à chaque fois. Mes camarades me félicitent à la sortie et je suis heureux de cela. Moi qui était d'une incroyable timidité, je suis entrain de prendre confiance en moi et cela fait du bien.

Un peu plus tard au moment des présidentielles de 1974, je suis à l'origine d'un nouvel incident. Je diffuse un tract intitulé « Non à GISCARD le candidat des patrons ! » Au moment où je donne le papier à mon chef, celui-ci m'interpelle bruyamment.
Il s'agit d'un tract dont le contenu est politique, et à ce titre il ne doit pas être diffusé sur le lieu de travail.
Je mets en avant mon droit d'informer mes collègues et le ton monte mais mes collègues se rassemblent autour de nous et un débat s'instaure. « Tout le monde reprend le travail, ordonne -t-il ! »
Mon ami Gérard intervient « On va reprendre oui, mais TARBY termine sa diffusion OK ? » « Admettons ! » lâche le chef dépité. Une fois de plus, le rapport de force parle !
De même je me revois en ce jour de 1976, sous la canicule.
A l'heure de la pause d'après midi, plutôt que d'aller me détendre avec mes camarades, je me dirige au local

syndical. J'entame la rédaction d'une pétition que je
« tape » laborieusement sur une vieille machine JAPY.
Je vois les gouttes de sueur tomber sur le papier.
« La température avoisine les 35 degrés ce qui est
inacceptable et le personnel exige la fourniture de
boissons rafraîchissantes. » Eh bien cette pétition
aboutira malgré les remarques acerbes du chef de service.
« Avec TARBY, rien n'est acceptable ! Vous allez voir
que bientôt, il va nous sortir une pétition parce qu'il
pleut !

On change de boulot ET de région !

En 1978, le moment est venu de regagner ma province
natale. J'y reviendrai lorsque j'évoquerai ma vie
professionnelle, mais sur le plan syndical, je suis attendu
de pied ferme par mes camarades du DOUBS. Très
rapidement, je deviens Secrétaire adjoint du syndicat du
Doubs et je m'investis sans hésitation dans l'action
syndicale au quotidien. Dans le bureau où je travaille à
ROCHE LEZ BEAUPRE, j'exige l'installation d'un
panneau syndical d'information, ce qui a pour effet de
faire s'étrangler le chef d'établissement, un anti-
syndicaliste primaire.

En 1980, je mets le doigt sur un dossier conflictuel au
bureau de Poste de Besançon Planoise.
Le chef d'établissement exerce un management
absolument déplorable sur ses agents, avec des horaires
impossibles, des pressions, des insultes, une attitude de
mépris permanente et des conditions de travail

inacceptables. Alerté par une adhérente de notre syndicat, je me rends sur place pour faire le point avec les agents.

Le chef d'établissement nous surprend et me demande de quitter les lieux immédiatement. Un peu plus tard, j'apprends qu'il a adressé une sanction administrative à la personne qui m'a laissé entrer. Il ne sait pas à quoi il s'attend !

J'organise alors des réunions clandestines en dehors des locaux. J'invite les agents à formuler une liste de revendications afin de finaliser ce qu'ils n'accepteront plus désormais de sa part, ce qu'ils établissent sans problème.

Je dépose un préavis de grève auprès de la Direction Départementale. Le Directeur départemental me reçoit en audience avec un collègue. Il reconnaît qu'il y a en effet un problème mais me demande de calmer le jeu.
Je refuse et je maintiens le mot d'ordre de grève. Je publie un article dans l'EST REPUBLICAIN intitulé : « Besançon Planoise : grève pour le droit à la dignité. »
Le mouvement est suivi par la totalité des agents. Une nouvelle négociation a lieu. J'avertis le chef d'établissement. Je me rendrai régulièrement sur les lieux et je ne le lâcherai pas, je ferai remonter chaque problème, je relèverai à chaque fois ses dérapages comportementaux que je transmettrai à la Direction afin de rétablir une bonne fois pour toutes, le droit à la dignité pour le personnel.

Un mot de travers et il devra formuler des excuses. L'action porte ses fruits, les choses rentrent dans l'ordre et cela devrait toujours se passer comme cela !

La fédération CFDT des PTT me confie ensuite des tâches d'animation des sessions de formation de base pour les nouveaux adhérents. Je planche notamment sur l'histoire du mouvement ouvrier et sur l'explication du système capitaliste. Je travaille d' arrache-pied pour cela et mes lectures sont nombreuses. Ce travail me plaît. Expliquer à mes collègues le système capitaliste en m'appuyant sur des situations vécues par tous, pour donner du sens à tout cela, mettre en avant le rôle central de la CFDT dans les luttes sociales, voilà qui ne peut que me ravir. Je suis à l'aise dans cette tâche.

La gauche, enfin....

10 Mai 1981 : Je suis à la pêche avec mon beau père, Marcel, sur les rives du DOUBS à Grand Combe CHATELEU. Ce soir, c'est le résultat des élections présidentielles et mon espoir est immense de voir la gauche s'installer enfin au pouvoir. Marcel, depuis longtemps ouvrier fondeur et sympathisant communiste, partage mes espoirs mais sans trop d'illusion.
Sur le coup des 18 heures, aucun poisson dans notre besace, alors nous décidons de plier les gaules. Nous savons que le score sera serré entre GISCARD et MITTERAND.

L'anxiété est à son comble aux environs de 20 heures et le visage d'Alain DUHAMEL, journaliste de droite, ne me dit rien qui vaille... Je retiens mon souffle quand arrive le moment fatidique : « François MITTERAND est élu Président de la République. » C'est le célèbre ELKABACH qui prononce la phrase dont il se serait sans doute bien passée.

Il est temps pour Marcel d'ouvrir une bonne bouteille ! Je savoure cet instant avec un plaisir sans doute comparable à celui éprouvé par Thierry ROLAND lors de la victoire de la France en coupe du monde de football !

Dans les jours qui suivent, avec mes camarades de la CFDT, nous demandons une audience au Directeur afin de donner du sens à la victoire sur le plan syndical. Nous exigeons et obtenons un assouplissement des règles d'intervention des syndicats dans les établissements postaux. Jusqu'alors, notre intervention était subordonnée à une autorisation préalable du Directeur. Cette disposition est assouplie sous la forme d'une simple lettre d'information.

Cela peut sembler bizarre mais notre tâche sera dans un premier temps facilitée, nos interlocuteurs un peu amorphes et groggy par l'arrivée de la gauche. Nous poussons notre avantage au maximum pour faire aboutir certaines revendications locales parce que nous sentons que nous avons la main. Les dirigeants de la Poste sont sur leurs gardes.

Hélas, l'état de grâce ne sera pas long. Toutes les structures syndicales jouent leur rôle à plein en mettant la pression et des avancées significatives sont obtenues rapidement :

- Abaissement de la durée du travail à 39 heures
- Une cinquième semaine de congés payés
- Mise en place des lois AUROUX sur le droit à l'information syndicale
- Abaissement de l'âge légal de la retraite à 60 ans
- Création de 20 000 emplois à La Poste.

Heureusement que avons de pris de l'avance sur ce terrain quand on voit aujourd'hui l'acharnement des libéraux à faire trimer les salariés toujours plus et plus longtemps. Les bras m'en tombent quand je vois certains aujourd'hui, qui osent affirmer que ces avancées auraient très bien pu se réaliser sous un régime de droite.

Autant d'ignorance, d'incompréhension, de naïveté me laisse pantois !

Prenons le temps de prendre conscience de l'immense portée de ces avancées. Je voudrais écrire cela dans cet ouvrage.

Ce n'est pas forcément évident à porter mais oui, je suis Mitterandiste et pourtant, Dieu sait qu'il y a d'autres choses dans son parcours que je n'approuve pas. Il a eu la fermeté de tenir bon sur ces mesures alors que les

sociaux démocrates de tous poils, ROCARD, HOLLANDE, DELORS et autres, lui demandaient de les différer parce que les capitaux sortaient de France, menace suprême qu'il ne fallait pas écouter. MITTERAND a marqué l'histoire sociale par les mesures qu'il a prises, en y ajoutant sur le plan sociétal l'abolition de la peine de mort, et, à ce titre, il est à mes yeux le meilleur président de la cinquième république. Il est d'ailleurs le dernier des présidents dignes de ce nom.
Cependant, dès 1983, la pression ultra libérale portée par l'idéologie « tatcheriste, » l'a conduit hélas, à changer de cap.

La création de la fête de la musique où je me produis chaque année, est une formidable invention.
Pas de fric, pas de droits pour la SACEM, pas de cachets pour les musiciens, pas de billets pour les spectateurs, juste la musique et toutes les musiques !

Il fallait être de gauche pour l'inventer ! La droite ne connaît que La Marseillaise, Line RENAUD et Mireille MATHIEU, désolé s'il y a des fans parmi vous !

Profession : syndicaliste ?

En 1983, je deviens Secrétaire régional de la CFDT PTT de Franche-Comté. A ce titre je suis entièrement libéré de mes tâches habituelles pour me consacrer entièrement à mes responsabilités syndicales.

Je prends très à cœur ma fonction dès le départ. Je la découvre peu à peu en côtoyant mes homologues. Elle consiste à :

- Coordonner l'action des syndicats départementaux.
- Leur apporter appui et conseil.
- Étudier et décliner au niveau régional les dossiers émanant de la fédération.
- Organiser chaque mois une réunion du Bureau régional pour procéder à l'analyse de la situation générale de l'action revendicative.
- Piloter la politique de formation syndicale au niveau régional.
- Représenter la région au niveau des instances nationales.
- Piloter les instances régionales de concertation avec La Poste (audiences, comités techniques paritaires, Comités d'hygiènes et de sécurité)
- Représenter le secteur des PTT dans les instances interprofessionnelles.

Ces éléments représentent à mes yeux un investissement important.

Les dossiers sont intéressants et représentent un enjeu fondamental. Pour prendre un exemple significatif, la poste décide d'informatiser le travail des guichets.
Je connais parfaitement ce dossier pour avoir été moi-même guichetier ce qui me confère une certaine légitimité lorsque je débats avec les responsables de La Poste. Mon idée n'est pas bien sûr de s'opposer à l'informatisation mais de faire en sorte que l'organisation du travail ne conduise pas une fois de plus, à l'aliénation du personnel des guichets.

En effet, nos dirigeants ont une fâcheuse tendance à se laisser aller aller à la facilité.
Ce qui est le plus facile au niveau d'un établissement de taille moyenne et importante, c'est de spécialiser les guichets. Un agent assurera les affranchissements, l'autre l'émission des mandats et ainsi de suite.

Je m'oppose vigoureusement à ce type d'organisation directement issu du taylorisme, qui entraîne non seulement un désintérêt pour l'opérateur mais aussi et surtout une déqualification des postes de travail avec à la clef, des carrières au bas de l'échelle.
Cette option, défendue par toute la CFDT, finira par s'imposer, les décideurs y voyant au final une organisation du travail plus efficiente sur le plan de la productivité.

Je n'ai jamais compris pourquoi les syndicats étaient aussi timorés pour mener le débat sur la nature des postes de travail alors qu'il s'agit d'un enjeu fondamental.

Mais j'ai aussi à cœur de ne pas me couper du terrain. Pour cela je contribue aussi à l'action du syndicat du DOUBS en accomplissant ma part de travail pour visiter les établissements postaux, collecter les problèmes rencontrés et tenter de les résoudre.

Je suis souvent sollicité par mes camarades du centre de tri postal de Besançon, dans lequel je suis « connu comme le loup blanc ». Parfois on m'appelle en pleine nuit pour organiser une Assemblée générale lors d'une grève. Les affaires disciplinaires me passionnent aussi. J'adore prendre la défense de cas qui semblent désespérés et je suis consulté régulièrement. Lorsqu'un collègue est accusé par l'administration pour avoir commis une faute, à chaque fois que je le peux, je fais dévier le débat sur un problème d'organisation du travail ou de management.

Il n'y a pas de quoi s'ennuyer. J'apprends mon job sur le tas et il me plaît bien. J'ai conservé de cela une habitude qui tourne à l'obsession.
Chaque matin, j'examine l'actualité, je tente de la décrypter, et ensuite j'encombre les réseaux sociaux avec des « billets d'humeur » relatifs à tout ce qui me semble important. On me le reproche parfois, mais je pense que cela me restera tant que je pourrai puiser l'énergie nécessaire pour le faire.

Je fais mon job avec application peut-être même trop.

Je m'explique : mon esprit de boutique, ma volonté à soigner l'image de marque de la CFDT, ont tendance à prendre l'ascendant sur une réelle réflexion politique et cela provoque des tensions internes avec mes camarades. Vers la fin de mon mandat, je suis sollicité par la fédération Nationale des PTT pour y exercer des fonctions de responsable national.

Cela est valorisant mais cela m'interpelle aussi. Pour moi, le syndicalisme est avant tout un acte militant et je n'ai pas envie d'en faire mon métier, si attrayant soit-il.
Par ailleurs, je dois bien admettre que je suis usé par les débats internes à la CFDT qui font rage à l'époque.

Au niveau interprofessionnel, certains fidèles à la ligne d'Edmond MAIRE, se préparent à déserter le terrain de l'action revendicative en sacralisant la négociation, pour glisser petit à petit vers un syndicalisme de service, de clientèle et je désapprouve clairement cette orientation.

D'autres au sein des PTT combattent la stratégie de la ligne fédérale, l'accusant de se préparer à cautionner la sortie du statut de fonctionnaire. Je ne m'y retrouve pas non plus et je suis pris en tenaille. En tout état de cause, j'ai le sentiment de ne pas avoir l'appui des structures de bases. Cela signifie pour moi qu'un poste au sein du bureau National ne reposerait pas sur une réelle

légitimité. Après mure réflexion, je décide de tourner la page. Je refuse ma « promotion » au niveau national et je ne sollicite pas la reconduction de mon mandat de secrétaire régional.
La nouvelle fait l'effet d'une bombe, suscite de nombreuses controverses. Le secrétaire National Denis TONNERRE en personne me demande de poursuivre ma tâche, mais rien n'y fait, ma décision est prise. Je serai désormais un simple adhérent. C'en est fini de mes responsabilités au sein de la CFDT. Nous sommes en 1987.

Un retour sur cette période me conduit à une certaine réflexion. Je ne pense pas avoir à rougir de la manière dont j'ai assumé mon mandat de secrétaire Régional. Cependant, j'ai quelques regrets. J'ai cru me positionner sur une ligne politique qui semblait être une sorte de juste milieu entre la ligne droitière de la confédération conduite par Edmond MAIRE et ses amis et ce que je considérais un peu comme de l'agitation gauchiste de la part de mes contradicteurs au sein des PTT . Alors oui, j'ai eu parfois tendance à verrouiller le débat.
Je prenais plaisir à dire que « Tant que je serais responsable de la CFDT, on ne ferait pas n'importe quoi ».

A m'acharner dans cette stratégie de défense de l'organisation à tout prix, j'ai un peu perdu de vue l'innovation la créativité qui aurait pu naître des désaccords. Celles et ceux qui sont restés mes amis ont réfléchi à la mise en place d'une nouvelle organisation syndicale, persuadés qu'ils étaient, qu'on ne pouvait plus rien tirer de positif à la CFDT et ils avaient raison. Cela représentait tout ce que je ne voulais pas, et pourtant aujourd'hui, je peux leur dire qu'ils avaient raison !

Au cours de la décennie des années 90, se produit alors un événement que j'avais pressenti : une scission au sein de la CFDT. De cette scission naît alors le syndicat SUD (Solidaires Unitaires Démocratiques). La situation est pour moi douloureuse. Sans espoir je signe une pétition des anciens responsables de la CFDT pour appeler les adhérents à ne pas rejoindre SUD, mais les jeux sont faits. Le congrès de séparation ne sera qu'une formalité. La veille du congrès, je reçois un appel de la personne qui m'a succédé au poste de Secrétaire Régional.

Elle se répand sur le thème « C'est toi qui avais raison... » mais je ne suis pas dupe. Elle veut s'assurer de mon soutien pour le débat. Du bout des lèvres, je le lui accorde mais je précise que ce sera « le service minimum». Non, je ne me défoncerai pas sur le sujet.
Je passe une nuit un peu agitée mais au matin, je suis serein.   Je ne tricherai pas pour faire plaisir à la Fédération. Cette fois c'est bien fini, je n'ai plus de responsabilité et je suis donc libre comme l'air. Je me moque du « qu'en dira -t-on ? »

Mes meilleurs amis quittent la CFDT et sont à l'origine de la création de Solidaires. J'en citerai 3 notamment.

Pierrot était mon principal opposant dans les débats. Nos relations étaient tendues mais nous étions tout de même des amis. Après s'être empaillés pendant toute la journée, nous allions échanger des balles de tennis. Il gagnait toujours ou presque ce qui avait le don de m'achever pour le reste de la journée.

C'est un militant hors pair. Il dispose d'un esprit d'analyse, d'une envergure et d'un charisme qui le rendent incontournable. Il est très dur en négociation mais il n'est pas nécessairement jusqu'au-boutiste. Son sens de l'intégrité est encore plus acéré que le mien et il déteste la moutonnerie molle.

Sous une apparence rugueuse, il cache une grande sensibilité. Aujourd'hui lorsque l'on se rencontre, on s'embrasse.

Nous sommes en paix l'un avec l'autre, l'âge et la maladie – il a eu sa part lui aussi - nous ont considérablement adoucis.

Christiane BOUQUET est une amie de longue date. J'avais assuré sa formation de base.

Elle m'a accompagné de multiples fois dans nos visites de bureaux de poste, et nous avons eu une complicité à toute épreuve. Lorsqu'elle découvre mon nom sur une pétition s'opposant à la création de SUD, elle m'appelle en laissant d'abord exploser sa colère sur le thème « c'est n'importe quoi ce que tu fait ! »

Mais à un moment donné, c'est l'émotion qui prend le dessus et je perçois des sanglots dans sa voix quand elle me dit qu'elle a « l'impression d'une trahison de ma part ! » Alors pour le coup, c'est moi qui fulmine de colère ! « Crois-tu que cela me fasse plaisir de te voir avec les autres démolir la CFDT ! »
Je suis hors de moi et elle le sent. Elle rétro pédale comme disent les journaleux aujourd'hui.

Notre amitié survivra à ces tensions sans aucune difficulté et j'en suis heureux.

Nadine DEON, avec son look de tzigane, est une militante solide, pragmatique et raisonnable.
Elle est aussi très agréable.

Aussi, je me dis que je ne peux pas, que je ne dois pas combattre mes amis, même si je ne les rejoins pas, car à ce moment précis, je ne suis pas encore prêt à franchir le pas.
Au moment où je m'apprête à prendre la parole lors du congrès de séparation, la tension est à son comble.
Personne ne sait que je vais créer la surprise du jour.
Tout le monde pense que je vais « en mettre plein les dents aux séparatistes sudistes » comme je sais si bien le faire et eux-mêmes retiennent leur souffle.

Ma voix est plus grave que de coutume. Je ne cherche pas à théâtraliser, je suis réellement ému. Je commence par dire que cette scission n'est pas une surprise pour moi puisque je l'avais vu venir depuis longtemps. J'appelle les adhérents à rester au sein de la CFDT mais immédiatement après, je déclare comprendre les militants de SUD, même si je ne les approuve pas. Cela dit, à travers mes propos, tout le monde comprend que je ne les désapprouve guère.

C'est un peu un numéro d'équilibriste, mais il faut bien que je fasse le « service minimum » comme je m'y suis engagé.

A ce moment là, il se produit en moi un changement que je n'avais pas prévu. Je délaisse le texte de mon intervention que j'avais soigneusement préparé. J'avais écrit sur mon papier d'en appeler à la responsabilité et au sens de l'organisation des congressistes.

En voyant cette phrase, je réalise que ce n'est pas possible et je bascule complètement pour me laisser aller avec une totale spontanéité.

J'enfonce alors le clou en disant que ce qui arrive aujourd'hui doit interpeller tous les militants de la CFDT. Le moment le plus fort, c'est lorsque je dis que « dans de telles circonstances, la CFDT a le devoir de se poser des questions sur son fonctionnement démocratique... »

Je termine sur une sorte de lamento : « Des camarades vont nous quitter. Dommage pour eux, mais dommage aussi pour nous et pour la CFDT ! » Pour la première fois, je désavoue ouvertement la Direction de la CFDT.

Mon ami Pierrot est stupéfait par ce qu'il entend. Sa voix se brise quand il prend la parole juste après moi pour me

remercier. J'aurai droit à quelques remontrances de la part du représentant de la fédération mais je n'en ai cure !
Ce jour là, je me suis laissé gagné par mes émotions mais je ne l'ai jamais regretté. Bien sûr que j'aurais pu l'éviter mais j'en ai décidé autrement !

Un peu plus tard, au début des années 2000, je quitte la CFDT, définitivement écœuré par la trahison de François CHEREQUE qui est allé lui-même proposer au gouvernement un durcissement des conditions de mise à la retraite. Je n'en peux plus de ses pseudos syndicalistes hyperréalistes qui finissent par laver plus blanc que le patronat. D'ailleurs, la droite ne s'y trompe pas et ne cesse de chanter leurs louanges.
Je fais savoir par courrier à François CHEREQUE que je ne peux rester dans une organisation qui anticipe la régression sociale. Il n'aura même pas la décence de me répondre alors que je suis adhérent depuis plus de 30 ans et que j'ai consacré 15 années de ma vie au militantisme, à défendre la CFDT bec et ongles, même lorsque je n'étais pas d'accord !

Cela m'apprendra aussi à mettre l'organisation syndicale au dessus de tout !
Ma règle d'or consistait à critiquer la ligne confédérale au sein des instances de la CFDT, mais rien n'a jamais filtré dans ma bouche, lorsque je m'exprimais devant la presse ou d'autres interlocuteurs. Je me faisais un devoir d'assumer une ligne que je n'approuvais pas ! Tout cela me laisse un goût amer dans la bouche et je resterai

orphelin syndicalement quelques années encore, le temps d'avaler la pilule.

ETE 2008 : je suis invité au pot de départ à la retraite de Nadine DEON dont je parlais plus haut. En fait de pot de départ, c'est une journée entière de festivités à laquelle je prends part avec grand plaisir. La majorité des convives sont des syndicalistes sudistes pour la plupart.

Vient le repas du soir, je demande que l'on me donne un bulletin d'adhésion. Tout le monde croit à une farce mais je remplis le bulletin. Dès le lendemain je confirme par un mail au syndicat et j'envoie aussi un RIB afin que la trésorière puisse procéder au prélèvement automatique de mes cotisations. Aujourd'hui, plus que jamais, je suis heureux de l'avoir fait. Il fallait franchir le pas et je n'ai aucun regret. Je me sens parfaitement à l'aise dans ce milieu qui est le mien, où la solidarité n'est pas une formule. Les camarades sont pleins de sollicitude avec moi qu'ils surnomment gentiment « le vieux ». Lorsque je parle, je suis écouté, tout le monde sait d'où je viens et quel a été mon parcours.
 Le musicien que je suis a également été accueilli à bras ouverts au sein de l'orchestre : « Sud Orchestra Solidaires . »

Notre mission est des plus agréables : chanter et jouer dans un camion sur les manifs ou organiser des concerts de solidarité lors des grèves locales. Mes amis musiciens font preuve d'une grande bienveillance à mon égard.

Hélas mon état de santé précaire m'empêche d'assister à toutes les répétitions, mais ils me tendent le micro de temps en temps et ils reprennent les chansons que j'ai composées. Cela me réchauffe le cœur.

De la même façon, à chaque fois que je lis la presse de solidaires, je me sens tellement en phase que je me dis que je vais conserver le journal, qu'il me sera utile un jour. Sans doute vais-je consulter les différents numéros que j'ai gardés pour consolider mon argumentation dans la rédaction de ce livre.

Au moment de clore ce chapitre sur mon engagement syndical, j'aimerais délivrer deux messages forts.

A ceux qui ne cessent de vomir sur le syndicalisme en pensant pouvoir le rayer d'un trait de plume, à l'instar de FILLON qui se vantait de vouloir « mettre la CGT hors d'état de nuire, » je dirai en substance ceci :

« Le ramassis de réactionnaires que vous êtes, en vous prétendant de la modernité, ferait mieux de se taire.
Le confort dans lequel vous nagez, vous ne l'auriez jamais eu si le syndicalisme n'avait pas existé. »

Certains me reprocheront mon « parti pris » oui, c'en est un et alors ? Il faudrait que je sois plus objectif, que le syndicalisme n'est pas exempt de critique ? J'y arrive, soyez rassurés.

En effet, le syndicalisme est mal barré, il a sans doute manqué d'imagination dans la mise en place de formes d'actions nouvelles. (CF gilets jaunes) ce qui est le plus inquiétant c'est la baisse du militantisme. Autrefois, l'adhésion était un engagement. Aujourd'hui, on est davantage du côté de l'assurance, de la consommation, du service, bref, du syndicalisme qui ne m'intéresse pas parce qu'il n'a pas de sens.

Il y a bien longtemps que ce type de pratique est présent du côté de FO, virtuose du clientélisme, du côté aussi de la CFDT. Mais ce qui me préoccupe le plus c'est que je vois davantage de cheveux blancs et de cranes chauves derrière le camion de solidaires que de jeunes gens.

Aussi, c'est à eux, à tous ces jeunes gens, que je voudrais adresser ce message fort.

« Ne craignez rien des syndicats, ils ne peuvent vous nuire, au pire ils vous sembleront inutiles !

« Ne restez pas seul, si le syndicat ne vous convient pas inventez autre chose, structurez-vous ou pas comme vous l'entendez, n'écoutez pas ceux qui veulent vous enfermer dans un moule,
acceptez l'aide que d'autres vous proposent, vous en aurez besoin, mais de grâce ! Ne vous taisez pas ! Partout dans l'entreprise ou au bureau, organisez des systèmes de contre pouvoir ! Résistez ! Opposez-vous à vos patrons et à vos cadres si vous le jugez utile !

Donnez du sens à votre contestation ! N'obéissez pas à des injonctions qui vous semblent absurdes. Refusez et dénoncez haut et fort toutes les idioties managériales qui sont censées vous motiver au travail.

Battez-vous pour conquérir de nouveaux droits ! Soyez réalistes, exigez l'impossible !

La lutte, la contradiction, la contestation sont les moteurs du changement ! Prenez les en mains !

Les salariés ont davantage de pouvoir qu'ils ne le pensent. Si nous cessons de travailler, alors les patrons et les actionnaires ne sont plus rien devant leurs milliards !

N'oublions jamais cela !

L'autodidacte :

« L'enseignement c'est apprendre à lire écrire et compter ...» Nicolas SARKOZY

« Le sage s'efforce d'apprendre, le professeur se contente d'enseigner... » Auteur inconnu

Voilà bien une citation qui mérite un bonnet d'âne. Il est vrai qu'il a surtout appris à compter, lui !
Cette vision d'un président qui affiche à ce point son mépris de classe doit être dénoncée.

J'ai très bien compris le message subliminal de l'ex président : « s'en tenir aux fondamentaux ». Les simples d'esprit pourront s'en satisfaire en prétendant qu'il s'agit du bon sens. Il y a surtout ce qui n'est pas dit mais qui est implicite et pervers. Il ne faut surtout pas que le peuple s'émancipe, qu'il acquiert un maximum de compétences, qu'il accède à l'autonomie, ce serait nocif pour le pouvoir. En gros on pourrait résumer ainsi : « Sois con et tais toi ! » La droite peut continuer d'être fière de son héros, il n'est pas près d'entrer dans l'histoire !
Avec BLANQUER, la Macronie marche dans les pas de SARKOZY. Le copain de Brigitte MACRON s'est attiré les grâces du Président parce-que sa femme le lui a suggéré. Ainsi fonctionne la dynastie macronienne. Il nous prépare une école qu'il ose nommer « École de la confiance ».

En réalité, son projet pue les inégalités l'élitisme et le retour au passé. Retour de la blouse grise et de l'uniforme, restauration de l'autorité du maître et des profs qui devront marcher droit ! De quoi ravir la droite.

L'idéologie dominante tend à démontrer qu'il y a un temps pour apprendre les bases de la vie et ensuite on travaille et enfin on produit ! Je voudrais, par mon témoignage, m'inscrire en faux contre cet adage.

Ce séquencement simpliste n'a aucun sens et ne sert qu'à fabriquer des moutons obéissants.
Certains pseudos experts vont jusqu'à répandre l'idée selon laquelle, à partir d'un certain âge, **« tout est joué »** sur le plan cognitif. Vouloir faire avaler une telle foutaise n'est pas neutre.
 « A 40 ans on n'a plus de mémoire . » « A 50 ans, il est trop tard pour tout. » « Si on n'apprend pas la musique en étant gamin on ne l'apprendra jamais... » La liste de ces aberrations est longue et hélas, elle fait recette. Il faut la combattre.

Il faut la combattre parce qu'elle est le message de la classe dominante vers les opprimés pour leur dire : « Ne soyez pas importants, n'existez pas. » Ainsi l'oligarchie qui nous gouverne, pourra dormir sur ses deux oreilles.

Je parle bien d'oligarchie et non d'élite, parce que d'élite, il n'y a pas.

Les premiers pas :

On peut apprendre toute sa vie, toujours et en tous lieux, j'en suis profondément convaincu.
Je revendique en effet le titre d'autodidacte et prétends me situer comme un contre-exemple de cette aliénante pensée.

Je vais donc tracer mon parcours sur les chemins aussi tortueux que vertueux de l'apprentissage.

Mon premier contact avec « la maîtresse d'école » en 1955 n'est pas terrible.
Elle est belle, toute de blanc vêtue et elle a l'air gentille. Mais lorsque la boite de boutons se renverse, la gifle qui me lacère le visage me glace le sang. Je connaîtrai pire plus tard avec les séjours à la cave. Ce rebelle de JCT refuse d'écrire la lettre E. Ah mais !
Dans ce contexte, dire que j'ai la soif d'apprendre serait exagéré.

Cependant, mon parcours scolaire se déroule de manière plutôt positive. Je suis le plus souvent, le premier de la classe, mais nous ne sommes pas nombreux. Je réussis sans problème le fameux certificat d'études primaires, mais mon instituteur est déçu. Il me voyait déjà premier du canton.

En 1961 à l'âge d'entrée en 6ème, il était venu voir mon père pour lui expliquer que ma place était dans un collège, j'avais réussi l'examen, mais cela ne s'est pas fait. J'intègre ensuite l'enseignement secondaire avec les maisons familiales agricoles. Les matières agricoles ne me passionnent pas. Je patauge lamentablement en maths, physique et chimie, mais je cartonne en français. Le professeur cite très souvent mes dissertations en exemple. De toute évidence je ne serai pas un « scientifique ».

En 1969, mon père est atteint d'une maladie incurable et la question de mon orientation se pose avec acuité. J'ai refusé de reprendre la ferme familiale et j'ai bien fait, mais mon père m'en a voulu.
« Il sait surtout ce qu'il ne veut pas faire » dit-il de moi. Un jour je suis convoqué dans le bureau du directeur de l'Institut Rural de VERCEL et, le moins que l'on puisse dire, est qu'il ne m'a pas à la bonne. Il enseigne les maths et la physique et cela ne passe pas du tout avec moi. Il m'explique que ma famille s'inquiète pour moi, que mes résultats ne sont pas des plus brillants et que je dois me secouer pour préparer mon avenir. Rien que cela !

Il poursuit en me disant le plus solennellement du monde :
« On en a discuté et on te verrait bien gendarme ! » C'est comme si la foudre tombait sur moi, je suis tétanisé. Je bafouille que je vais y réfléchir.

« Il ne suffira pas d'y réfléchir, il faudra agir, il est temps que tu deviennes enfin adulte ! » me répond l'homme du bon sens.
L'addition est lourde ! J'ai juste envie de lui cracher au visage ! Franchement vous appelez cela un ENSEIGNANT vous ?

En entendant ces sornettes, je distille ma rancœur. L'uniforme, quel qu'il soit, représente tout ce que je déteste ! Le soir dans mon lit, je mords les draps de rage en pleurant. Flic moi ? JAMAIS !

Je sors du cycle secondaire en fin de première, avec en poche le Brevet d'Apprentissage Agricole et le BEPC, obtenu à l'arrache, mais qui a encore une certaine valeur à cette époque. Je renonce à préparer le bac agricole. Qu'en ferais-je ?

On ressort les cahiers :

Au moment où je suis recruté par La Poste, j'ai le statut d'auxiliaire. Je dois donc consolider mon embauche en devenant titulaire par voie de concours. Le métier de facteur ne m'intéresse pas vraiment. Je choisis donc de passer le concours d'agent d'exploitation comme le BEPC m'en donne la possibilité.

Ma première tentative est un échec total.

Je n'ai pas assez travaillé la connaissance des villes et des départements et je me suis littéralement vautré sur une épreuve de dépouillement d'éléments statistiques pour laquelle j'ai récolté une note éliminatoire, un 5 sur 20. Il faudra revenir.

Je m'investis alors davantage dans la préparation. Je me procure une nomenclature. Pour chaque département, il faut connaître les préfectures, sous-préfectures et villes principales. Il y a du boulot pour les soirées. Je décide également de déposer un dossier dans un établissement spécialisé dans la préparation aux concours des PTT par correspondance. Il faut pour chaque matière envoyer des copies qui sont ensuite notées et commentées. Cette méthode s'avère efficace.

A force de m'entraîner sur l'épreuve de dépouillement d'éléments statistiques, je finis par y arriver, mais je dépasse largement la durée prévue pour la dite épreuve, alors je m'efforce de me perfectionner.

Mon deuxième essai est réussi avec un bon score puisque je suis dans les 200 premiers admis sur 800. Le recrutement tourne à plein en ce début des années 70. J'applique la même technique un peu plus tard pour décrocher en 1978, le concours de contrôleur.

Mais le moment qui va marquer le tournant de ma carrière se situe en 1981.

Cette année-là, dopé sans doute par l'arrivée de la gauche au pouvoir, je décide de me lancer dans une folle aventure : préparer le concours d'inspecteur des PTT.
Il y a dans ma démarche, quelque chose qui ressemble à un désir de revanche ! Une envie de « leur montrer à tous » ce dont je suis capable !

Par quelle énergie suis-je animé cette année-là ? J'ai pris confiance en moi sur le plan professionnel au moment où je viens juste d'avoir 30 ans. J'ai eu le temps d'observer mes supérieurs hiérarchiques. Aucun d'eux ne m'a réellement ébloui et je me dis qu'après tout, il n'y a aucune raison pour que je ne tente pas le coup. Je prends bien soin de n'en parler à personne.

J'ai toujours affiché ouvertement un mépris pour les chefs, même si j'ai apprécié certains d'entre eux. Je sais donc que personne ne m'attend sur ce terrain et je me prends à rêver à l'idée qu'un jour le JCT promis au rang d'exécutant devienne cadre. Quelle bombe cela ferait parmi mes collègues ! J'aurais pu me dire que je n'avais pas le niveau, et effectivement je ne l'avais pas, que j'aurais l'air ridicule si je me plantais, et après ?
 Dans la vie quand on hésite entre faire ou ne pas faire, on a beaucoup moins de regret si on a l'audace d'essayer plutôt que de ruminer ensuite dans le « si j'avais su », comme le font beaucoup de gens.

Aujourd'hui encore, lorsque je me trouve face à un défi, je me dis que je vais me lancer et puis on verra bien.

Le chemin est parfois tortueux, des échecs on en rencontre. Il faut alors les accepter et en tirer des enseignements pour prendre les choses autrement, modifier son comportement, s'adapter jusqu'à ce que l'on puisse atteindre son objectif, ne jamais rien lâcher tant que l'on a pas tout tenté. Pour cela il faut du courage, de la persévérance, mais le jeu en vaut la chandelle.

Je me renseigne donc sur le contenu de la préparation du concours d'inspecteur :

- Une épreuve écrite avec au programme, une dissertation sur un sujet d'actualité, une épreuve de droit, une épreuve de réglementation professionnelle, une épreuve de sciences économiques.
- Une épreuve orale de conversation avec un jury en cas d'admissibilité à l'issue des épreuves écrites.

Le programme de droit constitutionnel et administratif est absolument démentiel.
L'équivalent sans doute d'une licence et je ne dispose que de quelques mois pour préparer cette discipline dont je suis totalement ignorant. Mêmes éléments en ce qui concerne l'analyse économique dont malgré ma formation syndicale, j'ignore la plupart des rouages, et en plus, il s'agit d'une discipline piégeuse au possible, où la frontière avec la politique est poreuse ce qui pour moi est un danger, mais je l'ignore à ce moment-là.

J'élabore un plan de travail à l'issue duquel je me dis que ce n'est tout simplement pas jouable matériellement, même en travaillant d' arrache-pied. Alors que faire ? Renoncer ? Non, choisir les domaines qui m'inspirent le plus, qui me donnent envie de faire et faire l'impasse sur d'autres. Dans cette hypothèse, même en cas d'échec, il me restera des acquis qui me seront utiles pour poursuivre le chemin, car il est rare de réussir un concours dès la première tentative.

Je ne lésine pas sur les moyens. Je m'isole tous les soirs pour bosser jusqu'à minuit et chaque week-end sans désemparer. J'envoie mes « devoirs » à l'institut de formation par correspondance. Mes retours ne sont pas terribles notamment en droit. Cette discipline est une science exacte et je m'en accommode mal. Mes commentaires me valent des reproches amers de la part des correcteurs et des notes souvent au-dessous de la moyenne.

Cependant, je m'accroche autant que je le peux. Le droit constitutionnel est une matière qui résiste. Il ne suffit pas d'apprendre bêtement des textes, il faut être capable de leur donner du sens, d'expliquer en quoi tel article peut s'appliquer à telle situation. Cela demande un travail de titan, mais ce n'est pas pour me déplaire. Le droit administratif est plus scolaire, mais moins intéressant à mes yeux.

Encore que certains sujets comme les impôts qui me semblent au départ rébarbatifs, attisent ensuite ma curiosité.

Dans tous les domaines je procède à une étude active. Potasser des bouquins ne sert pas à grand chose s'il n'en reste rien. J'élabore des fiches de synthèses par thèmes, des tableaux , des mandalas à base de mots clefs et de flèches. Ecrire c'est bien, mais une écriture linéaire sans âme n'est pas aisément exploitable alors qu'un schéma avec des blocs de mots, des flèches, cela a du sens. J'ai appris à mes enfants à travailler de cette manière et je déplore le fait que leurs professeurs n'aient jamais abordé cette question avec eux.

La chance ? Cela fait partie du jeu. Le jour du concours le sujet de droit porte sur le bicamérisme. Il s'agit de souligner les avantages et inconvénients d'avoir un parlement composé de deux chambres , assemblée nationale et sénat. Pour moi c'est assez limpide.

 De même je « bois du petit lait » en découvrant le sujet d'analyse économique. « Faut-il tendre vers une croissance zéro ? » Ah bigre, je sais quoi dire ce point ! Le sujet se prête bien à une démarche « thèse, antithèse et synthèse». Je ne suis pas fan de cet outil mais je l'utilise dans la mesure où je sais qu'il plaît aux correcteurs. Devinez sur quoi je mets l'accent ?

Sur la nécessité de mettre en place un nouveau type de développement basé sur l'intérêt général, l'écologie (oui déjà) et non sur le seul profit … Du JCT pur sucre déjà ! C'est risqué certes, mais ça passe ! Je suis admissible à l'oral !

Bizarrement, je ne prépare pas mon oral et j'ai tort. Je suis un peu grisé par la réussite et je me dis tout bêtement que je peux faire confiance aux compétences que j'ai pu acquérir en matière d'expression orale. C'est une erreur. Je devrais au contraire m'entraîner en faisant des exposés et des jeux de rôle, me renseigner auprès de collègues ayant déjà vécu de telles expériences mais je préfère savourer la joie de ma réussite à l'écrit.

Quand le grand jour arrive, je suis serein en me disant qu'il n'y a aucune raison pour que la baraqua dont j'ai bénéficié jusqu'alors me fasse défaut. Je suis dans une dynamique positive.
Je suis impressionné en découvrant les membres du jury installés devant une table, avec côté opposé, une chaise au centre pour le candidat. Ils doivent être 4 ou 5, je ne sais plus. Ils sont « propres sur eux » avec leur costard cravate.
Comme nous sommes en hiver, j'ai opté pour un sous pull à col roulé sous une veste de ville, je déteste la cravate qui m'empêche de respirer et qui ne me correspond pas. J'ai l'impression d'être comme dans un film. Le scénario est cependant assez conforme à ce que j'avais imaginé.

Ils me mitraillent de questions, sauf l'un d'entre eux qui écrit mais ne parle jamais. C'est l'observateur.

Bonne pioche encore une fois lors du tirage au sort du sujet de l'exposé oral : « La réduction du temps de travail... » Mes détracteurs jureraient que j'ai été pistonné ! Le sujet ne me pose aucun problème. Pas question pour moi de faire dans la nuance avec une approche du genre « avantages et inconvénients » approche scolaire et peu conforme à ma personnalité.

J'y vais à fond donc pour expliquer que tout cela va dans le sens de l'histoire, que les gains de productivité réalisés grâce à la mécanisation et l'informatisation qui pointent le bout de leur nez, doivent contribuer aussi au progrès social. Mon argumentation tient la route, ma fluidité verbale me donne confiance et les signes d'approbation des membres du jury me stimulent.

Vient alors la séance tant redoutée des « questions à mille francs ». Il y en a au moins une à laquelle je me suis préparé. « Pourquoi vous présentez-vous au concours d'Inspecteur ? »
Sans hésitation aucune, je mets en avant mon désir de promotion sociale et le jury approuve.

J'ajoute même avec une certaine audace qu'au regard de l'expérience qui est la mienne, j'estime être en capacité d'exercer une fonction d'encadrement.

J'ai exercé mon métier en étant très bien noté par mes supérieurs, je suis donc en situation d'apprécier ce que l'on peut attendre d'un agent.

Quand viennent les questions de culture générale, le sujet abordé est La SUISSE, ce pays situé près de chez moi. On m'interroge sur l'organisation administrative et par chance je la connais un peu, je sais qu'il s'agit de cantons. En revanche je me plante sur la capitale en désignant GENEVE. On m'interroge sur le secret bancaire mais je ne suis guère éloquent.

Aléas jacta es.[8] Je ne perds pas confiance et j'attends patiemment les résultats. Un beau matin, la sonnerie de mon téléphone tout récemment installé fait doux à mes oreilles. C'est mon chef d'établissement qui m'appelle pour m'annoncer mon succès... Je savoure. La nouvelle se répand comme une traînée de poudre ! « TARBY Inspecteur ? » Personne n'aurait mis un kopeck sur ce ticket ! D'autant qu'un autre candidat, protégé du directeur, vient d'apprendre son échec ! C'est un comble !

Dans les jours qui suivent je participe à une audience commune : CGT/CFDT, auprès du Directeur départemental de La Poste pour y débattre des modalités de service de fin d'année.

---

[8]Expression latine : « Le sort en est jeté »

Le Directeur ouvre la séance et je suis sidéré par ses propos : « Je tiens d'abord à saluer M. TARBY qui vient de réussir brillamment le concours d'Inspecteur, ce qui prouve que l'on peut être à la fois un syndicaliste convaincu, et un excellent postier... » Je suis ému et je ne peux que remercier du bout des lèvres. Mais je me reprends rapidement en affirmant que ce changement dans ma carrière ne remettra pas en cause mon engagement syndical.

Je me montrerai d'ailleurs particulièrement virulent au cours de cette audience. Mes camarades de la CGT en sont scotchés... Je suis heureux. Voilà une affaire rondement menée.

Quelques années plus tard, une nouvelle opportunité s'offre à moi. La Poste bouge, tout le monde le dit et pas seulement la pub. Elle décide l'informatisation des tâches du guichetier dans les bureaux. C'est un domaine que je maîtrise parfaitement pour avoir exercé le métier de guichetier entre 1978 et 1982. Pour mener à bien cette opération, elle a recruté des formateurs. Il y a du pain sur la planche et le dossier est passionnant à mes yeux. La voie est accessible aux inspecteurs et elle est aussi intéressante financièrement par le biais d'une indemnité d'enseignement. Le recrutement se fait par voie d'examen qui ressemble à un concours puisque nous sommes 10 candidats pour un seul poste.

Les candidats doivent passer devant un jury composé du Directeur départemental et ses collaborateurs et un formateur déjà en poste.

Deux épreuves permettent de départager les candidats. La première porte sur un exposé relatif à une activité postale de guichet, la seconde est une mise en situation du candidat qui a devant lui des « élèves» auxquels il doit expliquer comment réaliser une opération postale tirée au sort, un travail pratique. Je ne donne pas cher de mes chances dans la mesure où parmi les candidats, certains ont nettement plus de notoriété que moi, je ne suis pas dupe. Par ailleurs, mon passé syndical et les nombreuses situations conflictuelles que j'ai rencontrées avec le Directeur actuel me font redouter le pire. Je n'ai qu'une alliée dans le Jury en la personne de Francine, qui exerce déjà le métier de formateur et qui est mon amie, tout le monde le sait. C'est donc sans illusion mais avec sérénité que je me présente aux épreuves.

La chance est avec moi cette fois aussi. L'épreuve théorique porte sur les objets avec valeur déclarée et je connais le dossier par cœur. Je n'ai aucune difficulté à préparer et à dérouler mon exposé. Mon atout maître c'est l'expérience issue de la formation syndicale. Je suis donc tout à fait à même d'utiliser un tableau de papier, le fameux paper board, que les formateurs de l'époque connaissent bien.

Vous savez, c'est cet outil qui fût si maladroitement utilisé par la Ministre Marlène CHIAPPA lors du débat national, pardonnez cette digression.

Tout se passe à la perfection également lors de l'épreuve de mise en situation où il s'agit de réaliser une émission de mandat.

A ma grande surprise, je décroche une fois de plus la timbale et je m'installe avec volupté dans cette magnifique fonction de formateur qui m'apportera d'immenses satisfactions.

J'approche de la quarantaine et je me dis que je dois poursuivre mon ascension sociale. Mon objectif consiste à atteindre le niveau de cadre supérieur. Cette expression m'a souvent fait sourire. A la Poste, il y a les cadres et les cadres sup qui sont au-dessus et mieux payés.

Je prends souvent un malin plaisir à ironiser sur le sujet. Lorsque je me présente je dis « Jean-Claude TARBY, cadre inférieur... » Alors inévitablement on m'interpelle sur le thème « Pourquoi dites-vous cela ? » Alors je réponds amèrement « Parce que s'il y a des gens que l'on nomme cadres supérieurs, cela implique forcément que les autres sont inférieurs ! » On me dit que je suis de mauvaise foi... Ah bon ?

Je sais que le parcours sera difficile pour moi, mais j'ignore encore à quel point la pente sera rude.

Le fait que je sois connu ne joue pas forcément en ma faveur, c'est le moins qu'on puisse dire. Au début des années 90, je me présente au concours d'Inspecteur principal.

Le programme est similaire à celui du concours d'inspecteur, mais comme il s'agit d'un grade supérieur, il faut bien en rajouter pour montrer qu'un « principal » est forcément plus intelligent qu'un « ordinaire». Quelle foutaise, mais passons. Les épreuves sont les mêmes mais il y a en plus la gestion, la comptabilité publique, et le droit financier. Je redouble d'efforts pour ma préparation. Lors des vacances, je laisse ma femme aller à la plage avec les enfants et je planche seul au bungalow, ne m'accordant qu'un peu de temps libre en soirée. Quelle folie ! Je réussis avec brio les épreuves écrites, 13 en culture générale et en économie, 14 en droit, inespéré ! Pour l'épreuve orale je réitère la même erreur. Je ne prépare pas assez en pensant que cela va le faire, comme lors du concours d'Inspecteur.

Résultat : je me fais laminer avec fracas par le jury ! Il fallait bien que cela arrive une fois ! C'est simple, ce jour là, je suis une sardine dévorée par les requins.

La présidente du jury me parle en utilisant un langage qui m'est étranger. Elle me demande d'exposer devant le jury mon « plan de carrière».

Je rétorque maladroitement qu'il faut être modeste et que mon objectif consiste d'abord à réussir le concours et ensuite, je verrai. « Vous verrez ? » s'esclaffe-t-elle, mais pensez-vous que la modestie soit un atout pour un cadre supérieur ? » Un ange passe et cela dure.
« Si je suis devant vous, c'est que j'ai tout de même de l'ambition... » finis-je par balbutier. « Ah oui tout de même » confirme-t-elle en caricaturant mon accent traînant... Pour un peu je me mettrais à prier... « Mon Dieu sortez-moi de là ! »

Me voyant dans les cordes, elle enfonce le clou. Me reprochant de raisonner en termes d'attributions, de tâches, alors qu'elle voudrait entendre dans ma bouche les mots « responsabilité, missions, fonctions... » Quelque chose a dû m'échapper en effet.

En fin d'entretien, elle porte l'estocade finale dont je me souviendrai : « Monsieur TARBY, je trouve que vous êtes un peu trop gentil pour exercer la fonction de cadre supérieur, qu'en pensez-vous ? »

Je creuse alors ma tombe en répondant : « Oui, je suis gentil dis-je en souriant, et jusqu'à présent, cela m'a plutôt réussi... » Je dis cela posément, naïvement et je vois son visage se durcir et devenir condescendant. Elle doit se dire : « Mais quel plouc, il est entrain de se noyer, je lui tends une perche pour le sauver et il ne la saisit pas ! »

« Si vous pensez que c'est de gentillesse dont la poste a besoin... » lance-t-elle avec un mépris non dissimulé. Je reste sans voix. C'est fini, je viens de sombrer lamentablement, et je le sais, mon échec sera sans surprise. Quel dommage d'avoir tout gâché après une si belle performance à l'écrit.

Lorsque mon chef vient me voir dans mon bureau avec la mine défaite je le mets à l'aise : « Ne te fatigue pas, je sais que je me suis planté... » Il est soulagé car il redoutait sans doute un coup de colère de ma part. Je ne peux que reconnaître mon échec. Il me reste à en analyser les causes pour en tirer les enseignements.

Il est clair que je suis sans doute trop tendre pour devenir cadre supérieur. Je ne m'en suis pas tout de suite aperçu mais le monde du travail se durcit. Désormais, ce sont les requins qui font la loi, ceux qui sont prêts à piétiner leurs collègues pour décrocher les meilleurs postes, et petit à petit, la loi du plus fort s'instaure et tous les coups sont permis. Je me dis que je ferai mieux au prochain concours, mais de concours de cadres supérieurs, il n'y aura plus.

En effet, au cours de la décennie 90, la Poste modifie son statut qui passe de l'administration à l'Établissement Autonome de Droit Public. La notion de grade est désormais abandonnée au profit de celle des fonctions.

L'inspecteur que j'étais devient désormais un cadre de premier niveau. Je n'ai pas renoncé à accéder au niveau des cadres supérieurs, la classe IV.

Mais la Poste révolutionne aussi ses règles de recrutement. C'en est fini des concours. Elle procède désormais par voie d'examens d'aptitude. Plus besoin de faire des études de droit, d'économie ou de comptabilité. Dorénavant, seules compteront les compétences techniques et les compétences comportementales. Ces notions sont assez floues au départ, mais avec le temps, elles se précisent.

On parle ainsi, de l'aptitude au changement, de l'adhésion aux orientations stratégiques de l'entreprise et de la capacité à diriger pour un encadrant par exemple. Certains s'en réjouissent mais je n'en suis pas. Je suis par nature méfiant et je crains le pire.
Les examens sont organisés non pas au niveau national comme étaient les concours, mais au niveau local, par catégorie de fonction.

Ainsi les comptables recruteront des comptables, les commerciaux recruteront des commerciaux et ainsi de suite. Les jurys étaient jusqu'alors composés de membres qui ne connaissaient pas les candidats. Il en sera désormais tout autrement, ce qui est une immense porte ouverte au clientélisme. Le poids des réputations est immense à La Poste et je sais que la mienne est aussi mauvaise que celle de BRASSENS.

Que reproche-t-on à JCT ? Surtout sa rigidité, son manque de souplesse, son refus de suivre les troupeaux. Un jour une DRH commet l'imprudence de me laisser seul dans son bureau alors qu'elle est en entretien avec moi. Je mets la main sur mon dossier personnel que je ne devrais bien sûr pas voir.

Je le parcours rapidement et mon œil est attiré par des phrases, écrites en rouge et soulignées. « Dogmatique : se braque facilement quand il est question de la hiérarchie ou de l'adhésion aux valeurs de l'entreprise... »

C'est court mais cela en dit long. Je ne suis pas nécessairement en désaccord avec ce que l'on me reproche. Sauf qu'on ne me l'a jamais dit ouvertement. Je sens bien que je dérange quelque part, par mon sens aigu de l'intégrité et de la justice. Mais il y a surtout le fait que je me conduise pas comme « le bon soldat qui obéit sans se poser de questions. »
Je ne me gêne pas pour dire à qui veut l'entendre que La Poste apprécie davantage les moutons de PANURGE que les gens qui réfléchissent. « Chercher à comprendre, c'est commencer à désobéir » disait mon adjudant.

Alors dans un tel contexte, je me doute bien que j'aurai beaucoup de peine à réussir les examens d'aptitude. Je commence à perdre la naïveté qui me faisait croire que ce sont les compétences qui font la promotion. Il n'en est rien et c'est hélas encore plus le cas à l'heure actuelle.

Je me présente à plusieurs examens d'aptitude en vue d'obtenir le statut de cadre supérieur. Le scénario est toujours le même. J'obtiens la note de 9 sur 20 à l'oral et celle-ci est éliminatoire. Cela a pour effet de gommer les notes proches de 20 que j'obtiens lors des épreuves écrites qui elles, sont anonymes.

Cherchez l'erreur. Il y a des choses qui me reviennent aux oreilles par le fait de fuites. Ce qui est préjudiciable c'est que les clients pour lesquels je travaille, sont souvent des Directeurs départementaux, mon rayon d'action étant toute la région du grand Est. J'exerce à l'époque la fonction d'ingénierie en ressources humaines et, à ce titre, je réalise des diagnostics d'organisation du travail et de management. Or, il se trouve que mes préconisations ne sont pas ce que mes clients ont envie d'entendre le plus souvent. Alors, quand votre client est mécontent cela se sait ! J'apprends ici ou là quelques « petites phrases » livrées à la cantonade : « TARBY, c'est un électron libre, qui se croit autorisé à ne pas répondre à mes questions, c'est insupportable... » ou encore « Il ressemble davantage à un syndicaliste qu'à un cadre... »

Un jour, nous sommes en 2000, je passe un entretien d'évaluation des potentiels auprès d'une brave dame qui me coche toutes les bonnes cases en termes de compétences. Elle s'adresse ensuite à moi dans les termes suivants :

« Je reconnais que vous présentez toutes les aptitudes mais je vous suggère 3 points à améliorer : Les cheveux , la barbe et la tenue... » Je suis stupéfait et je lui demande des précisions. Je suis mal coiffé, (c'est vrai...) pas toujours rasé de près, et surtout je ne porte jamais de cravate... Ben voyons... Elle ajoute « Je crois que je vais vous envoyer passer votre examen dans une autre région parce que vous avez tellement mauvaise réputation auprès des Directeurs que... » Je pique bien sûr une grosse colère et je demande un entretien à mon chef immédiat. Je lui fais part de mon intention de rendre mon tablier. Je suis à bout.

Pour permettre au lecteur de comprendre ma problématique, il faut que j'expose ma situation statutaire. J'occupe depuis 4 ans un poste de cadre supérieur, sans en avoir le niveau de rémunération. En termes savants cela s'appelle « une distorsion fonctionnelle».

Aussi bizarre que cela puisse paraître, j'ai été recruté normalement pour faire le job, mais après 4 ans d'exercice, il m'appartient de prouver que je suis à ma place sur ce poste. Cela fait 4 ans que je suis sous payé, et en plus je dois faire mes preuves !

Il y a des moments où trop c'est trop. Mon chef m'explique qu'il est satisfait de mon travail, que je dois rester et que si je quitte le navire, je donnerai raison à mes détracteurs. Il parvient à me convaincre mais je suis dévasté.

J'accepte de me rendre à LYON, de me déguiser en cadre supérieur et à l'issue d'un débat tendu avec le Jury, je décroche l'examen à l'arrache avec une note de 10 sur 20... Je n'ai effectivement pas été bon lors de cet entretien, miné par les enjeux et tout ce climat délétère qui règne autour de ma candidature. Mais enfin, ça y est j'y suis.

La Validation des Acquis de l'Expérience : une consécration

L'année 2005 constitue pour moi un nouveau revers qui n'est pas des moindres. Je perds mon job de consultant dans des conditions que j'exposerai ultérieurement. Ma frustration est immense.

En réfléchissant à tout cela je me dis que je suis sur ma fin de carrière, et qu'il est temps de gommer cette injustice en cherchant à faire reconnaître le travail accompli pour atteindre le niveau qui est le mien aujourd'hui. Comment faire ? Je ne vais pas passer un master en management ou en sociologie du travail, mais il me semble que je me situe aux alentours de cette discipline.

Alors je me renseigne et j'apprends l'existence d'un dispositif de VAE. (Validation des Acquis de l'Expérience). Les mots me parlent mais je ne sais pas du tout comment m'y prendre, par où commencer.

J'élabore un CV détaillé avec peine tant je n'ai pas assez d'un format A4 pour y faire figurer tout ce que je souhaiterais. Je demande un entretien auprès d'un conseiller de l'AFPA, organisme public de formation professionnelle pour faire part de mon projet.

La personne qui me reçoit prend le temps de consulter soigneusement le document et de m'écouter évoquer mes expériences marquantes.

Dans mon cas, tout est simple, il existe un diplôme de « Consultant» accessible par voie de VAE. Je pourrais aussi faire valoir le titre de formateur, mais c'est moins intéressant pour moi.

J'apprends aussi qu'il existe un organisme qui prépare à ce type de diplôme par VAE. Il est situé à ANGERS.
Il se nomme l'IDCE (Institut de Développement du Conseil et de l'entreprise§.) Alors, sans hésitation aucune, je me lance dans cette nouvelle aventure.
Je dépose un dossier et quelques jours plus tard, je reçois un courrier signifiant un avis favorable. J'exulte en lisant le courrier mais je déchante en découvrant les pièces qui l'accompagnent.

Je crois que je suis arrivé mais en fait je suis au pied du mur. Le travail à accomplir est démentiel.
L'attribution du diplôme est conditionnée par la réussite à deux épreuves :

- 1- Constitution et soutenance d'un dossier relatif à l'activité du candidat,
- 2- Présentation d'un mémoire relatif à la conduite du changement dans la fonction publique.

Je me lance à corps perdu dans la constitution du dossier où je dois collecter un maximum de matière première.

Le travail est laborieux mais je parviens à constituer un document global de plus de 300 pages format A4.

Il est composé d'une vingtaine de sous documents réunis en 6 dossiers permettant au jury d'apprécier le niveau du candidat.

Le dit dossier est destiné à répondre avec un maximum de précisions aux questions suivantes :

1. Qui est le candidat ? Quels sont ses acquis ? Sa formation, ses compétences, ses références ?

2. Quelles ont été ses missions, ses fonctions ?

3. Comment peut-on mesurer l'efficacité du candidat sur le terrain, comment son action a-t-elle été appréciée par ses clients ?

4. Quelle perception a-t-il de son métier ?

5. Quelle est la liste des principales prestations qu'il a été amenées à accomplir ?

6. Quels exemples peut-il fournir de ses interventions ?

7. Quels outils est-il en mesure d'utiliser ?

Ce qui me rend le plus heureux, c'est d'avoir pu recueillir une quinzaine d'attestations émanant de mes clients, de mes supérieurs hiérarchiques et de mes collègues qui constituent véritablement un retour magnifique sur l'ensemble de mon travail accompli en tant que consultant. Il ne s'agit pas de documents types, j'ai laissé à chacun, le soin de rédiger le texte à sa manière, au regard de son ressenti. En les découvrant, je me dis que le jury ne pourra rien me refuser.

Le moment venu, je présente mon dossier avec, pour support, une série de visuels établis avec Power Point, application que je maîtrise bien. Sans surprise le courant passe avec l'ensemble des membres du jury et j'obtiens la note de 18 sur 20. Mon référent m'a d'ailleurs indiqué avant la soutenance que je pouvais présenter mon dossier en toute sérénité. « La porte est grande ouverte » me dit-il.
Cela soulage du stress de l'examen !

Je ne suis pas pour autant au bout du chemin puisque je dois préparer et soutenir un mémoire sur le thème de mon choix.

J'opte pour une réflexion sur la conduite du changement dans la fonction publique. Beaucoup d'administrations sont entrain de bouger.
Les télécommunications autrefois dans le giron des PTT, sont déjà devenues à l'époque un organisme à caractère industriel et commercial, avant d'être l'entreprise Orange que l'on connaît aujourd'hui.

J'ai une amie qui est cadre supérieure dans cette entreprise, il m'est donc assez facile d'aller investiguer. Je mène par ailleurs d'autres enquêtes à la Mairie de Besançon et au Conseil général du DOUBS qui portent surtout sur des changements organisationnels et managériaux.

J'ai aussi un ami qui est un consultant privé de renommée : François XAVIER DELOBEL du cabinet Archée Conseil. Cet homme a assuré à l'Université de La Poste d'Orléans, une formation lourde, portant notamment sur l'activité de conseil, le métier de consultant, la sociologie du travail et l'analyse stratégique des acteurs. Il a été mon professeur en 1996, lors de la mise en place de la fonction de Conseil en Organisation du travail et management mise en place par La Poste.

Je prends contact avec lui et nous convenons donc d'une réunion téléphonique pour qu'il me parle de l'un de ses dossiers, afin de m'éviter un déplacement sur Paris. Il s'agira d'une réorganisation au sein du Ministère de l'Agriculture.

Voilà donc réunie toute la matière première relative à la rédaction de mon mémoire.

Le travail à réaliser est important d'autant que nous sommes en 2005, et je ne suis pas déchargé de mes habituelles activités de responsable de service comptable de la Poste. Je dois donc m'y coller chaque soir, mais le travail ne m'a jamais fait peur.

Je mets l'accent sur le caractère incontournable du changement dans la fonction publique, la complexité des changements et la nécessité d'une forte association des acteurs pour permettre la réussite des changements. L'évolution des pratiques managériales est au cœur de ma réflexion et je souligne l'impérieuse nécessité de leur évolution en mettant le zoom sur le taylorisme qui, à mes yeux, perdure trop longtemps encore dans les pratiques managériales.

J'insiste lourdement sur l'immense gâchis de compétences relatif à une pratique managériale basée sur l'obéissance aveugle à une hiérarchie de type militaire, alors qu'il faudrait au contraire s'appuyer sur l'intelligence des salariés en stimulant leur capacité d'innovation.

Pour illustrer mes propos je cite souvent le sociologue Hervé SEYRIEX qui a écrit de nombreux ouvrages sur le sujet notamment : « Quand les organisations laminent les talents ».

Cette sévère critique du taylorisme m'attire les foudres de l'un des membres du Jury lors de ma soutenance : « Votre rapport pue le socialisme M. TARBY ! » s'exclame -t-il !

Prêt à mordre, je lui réponds ironiquement qu'il me fait beaucoup d'honneur.

 Fort heureusement, mon Directeur de mémoire qui me connaît bien ne me laisse pas m'enliser dans un débat politique qui me serait fatal, il éloigne la discussion du terrain idéologique pour mettre l'accent sur la pertinence des exemples que je cite, redonnant ainsi de la crédibilité à ma démarche.

Un autre membre du jury m'interpelle assez vertement. « Vous dites adorer votre métier de consultant, mais vous avez une vision pessimiste du monde du travail... » S'il savait à quel point il a raison le bougre ! J'essaie de corriger comme je le peux mais il est vrai qu'il a touché juste, je le sens et je suis un peu désarmé, je ne m'attendais pas à ce coup-là.
Ces difficultés ne m'empêchent pas de décrocher le diplôme de consultant que je conserve précieusement.

J'ai en tête à l'époque, l'idée de quitter la Poste pour devenir un auto entrepreneur, mais des dispositions spéciales nommées « mesures d'âge, » me permettront de quitter La Poste en 2007, avec le maintien d'une rémunération transitoire, avant de faire valoir mes droits à la retraite en 2010.

Ma patronne de l'époque se bat au sein de La Poste pour faire prendre en charge les frais occasionnés par mon dispositif de Validation des Acquis de l'Expérience.
Malgré son appui je me heurterai à un refus et il m'en coûtera un millier d'euros. Je n'ai décidément personne à remercier pour ce qui concerne ma promotion interne.

Ainsi s'achève mon long parcours de l'apprentissage. On peut dire que l'ascenseur social a bien fonctionné pour moi. Cependant, c'est bien à la force du poignet que j'ai été cherché chaque marche de gravitation dans la hiérarchie postale. En toute modestie, je pense être pouvoir afficher une certaine satisfaction qui dépasse en effet mes espérances.
Je ne pensais pas devenir cadre supérieur en 1973 au début de ma carrière. A l'époque je me disais qu'un poste d'agent de maîtrise serait déjà très bien pour moi. On dit que l'appétit vient en mangeant, cela a été le cas et j'en suis ravi.

Toute la musique que j'aime :

Mon envie d'apprendre, ma curiosité pour découvrir des choses nouvelles, mon audace, ne m'ont jamais quitté. Elles ont été mes meilleures alliées tout au long de ma vie. J'ai ainsi appris la musique pas à pas mais pas en une seule phase. D'abord en dilettante puis plus sérieusement avec l'aide de professeurs qui se plaignaient souvent de moi. Je n'étais pas un élève facile dans la mesure où « les mauvaises habitudes » comme ils disent étaient bien ancrées. J'ai intégré le solfège par bribes successives. Au départ je me contentais de déchiffrer les notes mais les notions de tonalité, mesures et de tempo notamment ont été intégrées plus laborieusement.

Mes premiers pas dans la musique ont vu le jour grâce à un harmonium présent dans notre maison, je ne sais par quel miracle, les voies du seigneur sans doute. Le lien est sans doute le fait que mon frère André, séminariste et musicien a dû bénéficier de largesses ecclésiastiques afin que l'instrument soit installé dans notre demeure familiale.

Je suis alors un jeune garçon de 10 ans. Je suis fasciné par le son étrange venu d'ailleurs qui sort de l'harmonium. Cet instrument à vent, je le perçois comme une sorte de boite à magie.

En effet des sonorités aussi variées que la flûte, le cor anglais, le bourdon, le clairon, en sortent, comme s'il était le synthétiseur avant la lettre. Le caractère majestueux démontre bien qu'il est destiné d'abord à des fins de musique religieuse. Alors autant que je le peux, je m'installe au clavier, et je m'entraîne à jouer « L'eau vive » de Guy BEART. Le morceau est assez facile dans la mesure où le tempo est lent et les notes sont assez proches les unes des autres. En procédant ainsi par tâtonnements successifs, je parviens à égrener l'ensemble de la mélodie.

L'harmonica de mon frère Marcel suscite également de ma part un certain engouement pour la musique, mais très vite, c'est l'accordéon qui devient mon centre d'intérêt majeur. J'écoute chaque jour à midi mon idole à savoir, le grand André VERCHUREN qui se produit sur l'antenne de radio Luxembourg . Cette musique m'attire irrésistiblement.

Mais la vie est faite de jalons qui semblent anodins et qui pourtant, jouent un rôle déterminant dans le déroulement de notre destin. Ainsi, sur le chemin de l'école, j'entends le son d'un accordéon en passant près de la maison d'un jeune homme du village. Je m'arrête et reste scotché pendant de longues minutes, jusqu'à ce que la mère du jeune homme m'invite à entrer pour me demander si je veux jouer. Si je veux jouer ?
Un peu oui !

Je n'ai pas les capacités physiques pour porter l'instrument ni actionner le soufflet alors le propriétaire de l'instrument s'y colle et me laisse libre accès au clavier : un vrai bonheur !

Mes parents, devant ma passion pour l'instrument m'offrent alors un accordéon jouet, commandé sur le fameux catalogue de MANUFRANCE.
Le petit instrument ne dispose que de 10 touches et deux basses avec une caisse recouverte de celluloïd. Je suis bien sûr très heureux de jouer avec, mais je me désespère car régulièrement les notes se mettent à foirer. Ma sœur Suzanne, très habile de ses mains, parvient à démonter l'instrument et à réparer les touches avec de la cire à cacheter qu'elle fait chauffer dans une casserole. Merci à elle ! Ainsi, en décembre de cette année-là, je fais ma première apparition sur la scène du théâtre de l'école en interprétant « les fiancés d'Auvergne », morceau de musette pas des plus faciles.

Un nouvel événement musical déterminant se produit au cours de l'été 1962. Mon frère Marcel revient du service militaire après 28 mois, dont une bonne partie passée en ALGERIE. Dans ses nombreux bagages, il y a un accordéon, un vrai, et c'est pour moi ! Quelle magnifique acte d'amour fraternel ! Dès lors, à chaque fois que je le peux, je me réfugie dans ma chambre pour en jouer encore et encore...

Cet instrument je l'ai toujours et tenez-vous bien, il fonctionne impeccablement. Je l'ai fait restaurer, il y a 20 ans et j'ai plaisir à m'en emparer régulièrement pour ressortir les airs de l'époque : « Au plaisir des bois, le retour des cigognes, printemps d'Alsace » avec une bonne sonorité de musette... Je suis toujours ému de jouer avec cet instrument, en souvenir de Marcel qui nous a quittés depuis.

Je découvre la guitare un peu plus tard.
Mon frère André en possède une et, de manière clandestine, quand il a le dos tourné, je m'infiltre subrepticement dans sa chambre et je commence à égrener mes première notes. La pratique de l'instrument est laborieuse malgré la méthode livresque qui va avec. Beaucoup de gens pensent qu'il s'agit d'une discipline relativement facile et ils se trompent. Elle est à mes yeux plus ardue que la pratique du piano.

En 1975 je gagne une guitare de type espagnol sur une fête foraine et la grande aventure commence. Je viens d'ailleurs juste de restaurer moi-même cet instrument. Je découvre alors la joie d'animer une ambiance « feu de camp » au milieu d'une bande de jeunes avec les airs de DYLAN , Hugues AUFRAY et surtout RENAUD. BRASSENS et FERRAT viendront ensuite dans mon répertoire.
Le piano ? C'est bien aussi oui ! Je m'en offre un dans les années 80 et je prends régulièrement des cours de piano

classique qui me permettent de mieux structurer mon jeu et d'améliorer mes connaissances en solfège.

J'apprends aussi l'exercice difficile de l'audition publique en interprétant notamment, « la marche turque » de MOZART, pas facile la bête !

Quand il faut jouer en groupe, je peine à cohabiter avec les maniaques du métronome et de la rectitude musicale. Ceux qui me connaissent bien s'adaptent à moi, les autres me critiquent sévèrement. L'une d'entre elle m'avait un jour qualifié de « musicien arythmique ». Cela m'a fortement atteint mais, après réflexion, j'ai décidé de continuer de jouer.

Je dispose d'autres atouts, notamment celui qui consiste à utiliser la musique comme vecteur de transmission de l'émotion.

Je n'ai à ce jour, essuyé ni sifflet, ni jet de tomate.
Cette faiblesse rythmique est probablement liée au fait que j'ai trop longtemps joué seul. En solo, vous ne vous apercevez même pas que vous ne respectez pas la mesure et il n'y a personne pour vous le dire. On ancre ainsi des habitudes qui ne sont pas faciles à modifier.

Aujourd'hui, j'ai plaisir à partager la musique. Je donne quelques concerts chaque année au chant, au clavier, à la guitare où à l'accordéon en solitaire ou en groupe, et c'est un grand bonheur à chaque fois.

Dès 2007, j'ai proposé mes services à une association pour créer un atelier musical. Mon objectif consistait à apprendre les bases de la guitare en groupe.

J'ai dû renoncer à la notion de groupe, c'était trop difficile du fait de la disparité et je n'ai conservé que 2 ou 3 élèves en séances individuelles. Je ne suis pas mécontent du résultat mais cela s'est tout de même avéré plus difficile que prévu.

Dans l'univers de la musique ce qui est bien c'est que l'on en fera jamais le tour quel que soit son niveau. Il y a tant à expérimenter.

Je suis régulièrement sollicité pour apporter un peu de joie dans les EPHAD ou maison de retraite, de manière bénévole.

Je participe également volontiers à l'animation d'arbres de Noël, soirées Beaujolais, ou Repas des anciens.

Je connais la quasi totalité des chansons anciennes à partir des années 30 et j'adore voir l'œil des aînés s'allumer. Certains se mettent à battre la mesure, esquissent quelques pas de danse. Souvent ce public n'est plus en état de communiquer verbalement avec moi, mais ils me font comprendre que je leur apporte de la joie. Parfois ils pleurent et cela m'émeut d'autant plus.

La musique m'a permis de devenir un acteur local. Plusieurs articles de presse dans l'Est Républicain me sont consacrés.

Je serai l'invité de Dominique MORIZE à deux reprises dans son émission   « C'est la faute à l'accordéon... » L'animateur qui m'a à la bonne me sollicitera pour d'autres émissions comme « Ils font bouger la Franche-Comté ».

La station Radio BIP m'invitera également à présenter mon album CD nommé « Confidences», publié en 2016 avec des chansons de ma composition et des reprises, le tout orchestré par mon fils NICOLAS, remarquable musicien et régisseur. La conception et la réalisation de la pochette du CD est l'œuvre de Paula, ma belle-fille, et l'une des chansons est dédiée à ma fille Céline, belle alchimie familiale.

Cette année, pour la fête de la musique, j'ai eu le plaisir d'accompagner une chorale nommée « Cantilène». L'exercice n'est pas facile mais très agréable. Mon contact avec les chanteurs et le chef d'orchestre a été excellent. Nous avons notamment interprété « la ballade Nord Irlandaise, ce formidable chant pacifiste irlandais qui se prête si bien à l'interprétation en groupe avec accompagnement à l'accordéon. Je suis heureux de cette nouvelle expérience.

Un soupçon d'ébénisterie, apprendre encore et toujours :

Je me suis ensuite lancé dans le travail du bois et ce n'était pas gagné pour moi.
Il faut travailler avec rigueur précision et méticulosité. Je dirai que ces notions ne sont pas pour moi des qualités naturelles.

J'ai dû apprendre à devenir plus exigeant. J'ai commencé à fabriquer un cheval à bascule pour mon petit neveu et aujourd'hui j'ai un catalogue d'une quinzaine d'objets en bois, des jouets d'enfants pour la plupart. J'expose chaque année avec d'autres artisans locaux sur le marché de Noël. Mon stand est souvent visité et je reçois des compliments pour la qualité de mes objets ce qui me va droit au cœur.

Grâce à une formation en ligne, j'ai appris à maîtriser les différentes formes d'assemblages du bois, notamment les assemblages mécaniques comme le faisaient les ébénistes d'autrefois en travaillant avec des outils à mains : ciseaux à bois, scie manuelle.

Le haut de gamme de ces assemblages est sans doute le processus «Tenon mortaise». Le tenon est une pièce mâle qui doit s'emboîter parfaitement dans la mortaise, pièce femelle. S'il y a trop de jeu, l'assemblage ne sera pas solide.

A l'inverse, si le tenon et, ou la mortaise n'ont pas été préparés avec précision et que l'on tente de faire rentrer en force l'un dans l'autre, ce que l'on pourrait appeler la méthode MACRON, alors l'ensemble éclate et les deux pièces de bois sont perdues.
 Métaphore édifiante que tout le monde comprendra, sauf peut-être MACRON lui-même.

A 68 ans, je viens de relever un nouveau défi. J'ai fabriqué un instrument de musique : un ukulélé, une petite guitare en quelque sorte.
Il faut pour cela faire preuve d'une certaine dextérité, de beaucoup de rigueur, bien connaître les essences de bois et la façon de les travailler.

Je me suis lancé avec audace mais sans trop y croire et j'ai atteint mon objectif ! Je l'ai offert à ma petite-fille mais j'ai dû en fabriquer un autre pour ma voisine !

Tout cela me rend heureux et lorsque je cesserai d'apprendre et d'avoir des projets, j'ai peur que ma fin soit proche.

Quand le métier n'est pas un long fleuve tranquille :

*« La qualité d'un homme se calcule à sa démesure ;
tentez, essayez, échouez même, ce sera votre réussite. »
Jacques BREL*

J'ai précédemment évoqué mon engagement syndical et ce qui a été mon processus d'apprentissage. Je souhaiterais à présent parler de mon parcours professionnel et de ses différentes étapes en mettant l'accent sur les faits marquants et l'articulation du déroulement de carrière.

Beaucoup de gens sont persuadés qu'une femme ou homme qui a passé la majorité de sa vie dans la fonction publique a vécu une situation de «pépère bien assis». Lorsque je rentre aux PTT, les sarcasmes sont nombreux dans mon entourage avec la formule « Petits Travailleurs Tranquilles». L'affirmation est aussi méprisante qu'inexacte. Ce mépris est inspiré par l'état d'esprit simpliste de ceux qui feraient mieux de s'intéresser aux réelles inégalités. Affirmer cela, c'est en fait soutenir la classe dirigeante.

Cette idiotie fait merveille dans les repas du dimanche et je vais prendre un certain plaisir à lui tordre le cou.

Je suis légitime pour le faire dans la mesure où je dispose d'une expérience dans le secteur public et le secteur privé.

Je le sais, il y a des gens qui ont fait leur carrière dans le secteur privé, en faisant le même boulot, dans la même localité et dans le même établissement.

Ils n'hésitent pas à dire que les fonctionnaires auraient besoin d'être bousculés ! Ce débat n'a que peu d'intérêt mais il prend une telle intensité que je suis bien obligé d'y souscrire.

Mon parcours professionnel démontre justement le contraire et je suis loin d'être le seul dans ce cas.

Immersion dans le monde ouvrier

Je peux affirmer savoir de quoi je parle quand j'évoque la condition ouvrière puisque je m'y suis frotté, pendant une période de plusieurs mois, ce qui est suffisant pour en saisir les caractéristiques. Ainsi en cet automne 1972, c'est sans problème aucun que je décroche un emploi au sein de l'usine d'horlogerie des « Assortiments réunis » située au LOCLE en SUISSE.

Mon travail consiste à passer des pièces d'horlogerie sur une meule afin de les amener à la côte exacte mesurée en micron. Cela demande de l'attention mais ce n'est pas très difficile.

Mais la caractéristique, c'est surtout le côté répétitif et aliénant. Vers la fin de journée, l'attention se relâche et l'erreur pointe le bout de son nez.

Fort heureusement, dans cet établissement, l'ambiance est bonne et j'en garde un bon souvenir.
Grâce au change, la paie est bonne et je suis heureux de pouvoir fréquenter le soir les boites de nuit de « La Chaux de Fond » au grand désespoir de ma mère. La vie est belle à ce moment-là.

Je ferais peut être mieux de m'en contenter, mais quand la vie est belle et que l'on est jeune, on est toujours tenté de penser que l'herbe est encore plus verte ailleurs. Aussi, à l'aube de l'hiver, je prends la décision de changer de métier pour me rendre à DELEMONT, une autre localité SUISSE. Un patron de scierie recherche des ouvriers français. Je m'y inscris avec 3 de mes amis et une autre aventure commence.

L'hiver 1970 se révèle particulièrement rude. Le 15 décembre, jour de mes 20 ans je dois assurer 10 heures de travail. Le chef de chantier est incroyablement exigeant. C'est un ancien militaire alsacien et il est sans pitié pour moi. « On en fera un homme de ce gamin-là clame-t-il! »

Je commence parfois le matin à 5 heures jusqu'à 18 heures avec de brèves interruptions. A d'autres moments il faut assurer de 7 heures à 22 heures !

Le règlement est impitoyable sur le plan des horaires. Il faut introduire une fiche cartonnée dans la pointeuse et, une seule minute de retard coûte 15 minutes de retenue de salaire. Mais attendez ! Double peine, il faut tout de même travailler pendant le quart d'heure non payé...

Le travail consiste à empiler des planches à la sortie du chariot qui débite la bille de bois. Il faut aussi alterner chaque couche avec des lattes transversales pour éviter la déformation des pièces de bois. Pas besoin de chef pour surveiller, la machine s'en charge en imposant son rythme infernal. Ce sont en fait les conditions du travail à la chaîne.

Nous dormons à 4 dans une petite chambre. Pas question cette fois d'aller traîner en boite le soir, tant nous sommes ivres de fatigue et la sonnerie du réveil retentit comme une aiguille dans nos têtes. Une tasse de café avalée à la hâte et au boulot tout de suite.

Vers 9 heures, l'heure de la pause et juste un petit quart d'heure pour rassasier nos estomacs qui crient famine.

Le salaire est excellent et me permet d'épargner une somme d'argent qui me sera très utile lors de mon année de service militaire.

Je vivrai encore une troisième expérience ouvrière qui ne durera que 3 mois dans l'usine de décolletage UNIVERSO de La Chaux de FONDS.

Ici, le travail est simple, facile mais aliénant. Prendre une pièce de métal pour la positionner dans la machine, appuyer sur le bouton, retirer la pièce usinée et la ranger sur une structure. Le bruit dans l'atelier est infernal.

Je chante pour m'occuper l'esprit. Le point positif de cette expérience, c'est que la pénibilité du travail est bien inférieure à celle subie à la scierie.

Le facteur sonne une fois et cela suffit ! :

De retour de mon service militaire à l'automne 1972, après plusieurs tentatives auprès de l'ANPE, structure naissante, j'apprends par le facteur du village que La Poste recrute.

Je me rends à BESANCON et je suis recruté sans problème sur un poste de manutentionnaire. La personne qui me reçoit m'explique qu'il me sera possible de passer des concours pour devenir titulaire et assurer ainsi la stabilité de mon emploi. Je découvre avec plaisir le milieu postal. Il faut travailler certes, parfois même le dimanche et les jours fériés, chose à laquelle je ne suis pas habitué mais l'ambiance est saine.

Dire que le travail est épanouissant serait exagéré mais il n'est pas désagréable. Je suis dans un centre de tri postal. Le matin il faut ouvrir le courrier qui arrive en sac et le traiter avant de le ventiler sur les localités de destinations du département.

De la même façon, il faut aussi traiter le courrier né dans le département et à destination de toute la France et d'autres pays.
Ma tâche consiste à charger ou décharger des camions, mettre des sacs de courrier sur des chariots, passer le courrier dans une machine à oblitérer, confectionner des liasses ou fermer des sacs.

Il n'est pas aliénant dans la mesure où il s'agit d'une variété de tâches et surtout, ces tâches ont du sens. Il faut que les lettres soient bien rangées sur une structure afin de préparer le travail du trieur.

Il faut être attentif à la destination des liasses de courrier et des sacs postaux que l'on positionne sur les chariots. Une erreur provoquerait un retard dans l'acheminement.

La hiérarchie postale est très attentive, à cette époque à la qualité de service. L'entraide et la solidarité sont de mise. Les anciens conseillent les « petits jeunes » qui arrivent. L'ambiance est saine, les chefs sont sympas. Cette période ne dure que 2 mois puisque, suite à ma réussite au concours d'agent d'exploitation, je dois me rendre à PARIS dès Novembre 1973, juste après avoir épousé Yvette, la femme de ma vie.

Je suis affecté au Centre de tri de PARIS AUSTERLITZ à la section Paris Aviation Étranger, dont la finalité consiste à préparer l'acheminement du courrier né en

France et à destination des pays étrangers. Je suis désormais agent de traitement du courrier.

J'y suis bien accueilli et je fais connaissance avec ma nouvelle fonction.

Lorsque j'évoque aujourd'hui l'organisation du travail, je me dis que celle-ci était bien conçue à la fois sur le plan de la motivation des agents et de l'efficience du processus de travail. Il s'agit de petits chantiers de tri avec 5 ou 6 postes de travail ou parfois plus.

Les chantiers portent le nom des continents de destination : USA, Europe, Asie, Australie... Le chantier est composé de casiers de tri de 36 cases, et de batteries de sacs postaux dans lesquels on introduira les liasses de courrier constituées à l'issue du processus de tri.

Le chantier est dirigé, non par un chef d'équipe, mais par un agent, le plus souvent expérimenté qui participe lui même aux opérations de tri. Il n'a pas de pouvoir hiérarchique sur ses collègues, sa responsabilité se limite au bon déroulement des opérations. Il approvisionne le chantier en allant chercher la matière première au tri général, et il donne le signal de la coupure pour vider les casiers de tri et mettre le courrier dans les sacs.

La finalité est à la fois simple et importante : préparer et livrer le maximum de courriers vers le pays de destination du chantier au regard des horaires des avions,

cela avec le moins d'erreurs possibles. J'ai toujours trouvé cette fonction intéressante, motivante et je m'y suis toujours investi au maximum. Il y a parmi les gens qui travaillent « au courrier » comme on dit, ont une culture du travail bien fait, de la qualité de service et surtout, appliquent une règle non écrite : la règle du « fini parti.»
On travaille le plus rapidement possible afin de pouvoir ensuite se détendre et discuter quand le chantier est bouclé. Les processus de travail d'aujourd'hui sont radicalement différents : il n'y a plus ni début ni de fin, il faut sans arrêt trimer toujours plus et toujours plus vite, sans comprendre le sens. Le salarié est complètement dépossédé de la finalité de son processus de travail.
Je conserve donc un excellent souvenir de ces 3 années passées à Paris avec mon épouse, la vie parisienne ne manquant pas d'attrait.

Pour vous servir !

En 1978, j'obtiens ma mutation pour revenir dans mon département d'origine. Au bureau de ROCHE LEZ BEAUPRE, près de BESANCON, je serai affecté sur un poste de guichetier pour l'accueil du public.
Naïvement je me dis que je recevrai une formation de base puisqu'il s'agit en fait d'un nouveau métier. Il n'en est rien. Le chef d'établissement, le Receveur comme on dit à l'époque, m'apprend que je devrai me débrouiller seul après une période de 15 jours de doublure avec une collègue expérimentée qui m'apprendra le boulot.

Quel challenge ! Je suis motivé pour exercer ce nouveau métier mais j'en ignore toutes les ficelles. Mon apprentissage est laborieux et ma responsabilité financière est engagée.
S'il manque de l'argent dans la caisse le soir il faut combler avec ses propres deniers, même s'il existe pour cela une assurance postale.

Je suis envahi par le doute, je ne suis pas sûr de pouvoir exercer ce métier, je me demande si je ne vais pas formuler une demande pour être affecté au centre de tri de Besançon mais je m'accroche.

Au départ, Brigitte, je tiens à lui rendre hommage, constituera pour moi un appui déterminant. Elle n'aura de cesse que me dire « Tu comprends tout » alors que j'ai l'impression de patauger lamentablement.

 Si j'avais eu affaire à une personne qui me dise : « Tu es incapable de faire ce boulot » je n'aurais pas insisté. On ne saura jamais à quel point le regard et le retour des autres provoquent un impact psychologique tel qu'il peut tout changer, générer le meilleur ou le pire.

Ensuite, après cette période de rodage, Raymonde, une collègue bien plus âgée que moi avec une expérience solide m'invite à la contacter par téléphone pour les opérations les plus complexes, à savoir : l'émission ou le remboursement de bons du trésor, l'émission de mandats télégraphiques internationaux.

Le trafic est énorme, il y a parfois 20 personnes dans la salle du public.

Le bureau est situé au bord de la route nationale et, à l'époque, les représentants des entreprises n'ont d'autres choix que de se rendre à La Poste pour téléphoner, au regard de la rareté des cabines téléphoniques. Le soir, je consulte des manuels d'enseignements programmés où chaque opération postale est décrite à l'aide de modes opératoires et de photographies, ce qui m'aide beaucoup. Apprendre encore et toujours...

Ma chance, c'est que mes collègues sont sympas et les usagers également.

Au bout de quelques mois, je trouve mes marques et je suis heureux dans ce métier qui me ravit. J'adore me « décarcasser » pour rendre service à un usager.
Alors que je ne suis pas censé le faire, je remplis les imprimés pour les étrangers qui me laissent parfois de généreux pourboires. La vie est belle à nouveau.

Les difficultés que j'ai éprouvées constitueront un peu plus tard le terreau de ma motivation pour exercer le métier de formateur.
Quelle belle aventure j'ai vécue !
Quel plaisir devant la difficulté vaincue !

Retour au tri :

Mon succès au concours d'Inspecteur en 1981, après m'avoir rempli de joie, me met face à un autre défi. Celui de concilier mon engagement syndical avec les fonctions d'encadrement. Inspecteur des PTT, je sais dans les grandes lignes en quoi cela consiste, mais comment vais-je m'y prendre au regard de l'état d'esprit qui est le mien ? Cette interrogation me hante alors que je suis dans le train qui me conduit à LYON, pour ma formation à l'INCA (Institut National des Cadres Administratifs)

La formation que je reçois ne présente que peu d'intérêt dans la mesure où elle est avant tout très générale et à caractère technique alors que j'aurais plutôt besoin d'une approche relationnelle et managériale. A l'issue de mon stage, je suis affecté à un poste de dirigeant de « brigade de tri » à Besançon en service de nuit.

C'est mon purgatoire. Je suis archi connu dans l'établissement et je sais que tout le monde m'attend au tournant, à commencer par le Directeur d'établissement qui me lance en termes d'avertissement : « Vous devrez choisir entre votre rôle de cadre et celui de syndicaliste ! » Je sens bien que rien ne me sera épargné.

J'apprends que je devrai désormais diriger une équipe de nuit, comme par hasard, la pire de toutes, celle des « bras cassés», des mauvais éléments, la moins performante.

« C'est normal, tu es le dernier arrivé me dit l'un de mes collègues ».

Le tri ne m'est pas étranger, je connais le milieu et je ne suis pas né de la dernière pluie. Je sais que dès le premier incident, l'administration ne me fera pas de cadeau. Je cherche de l'appui auprès de mes collègues déjà présents sur la fonction mais les éléments d'information que j'obtiens sont sans intérêt.

Ma demande est pourtant claire : je veux savoir avec précision ce qui se passe dans ce putain de centre de tri, au cours d'une nuit, quelles sont les mesures à prendre pour éviter les incidents.

En réponse je n'obtiens que des infos à caractère très général du genre : « Il faut faire de la surveillance... »

Aussi, je m'adresse à un vieil ami syndicaliste qui me donne des tuyaux autrement plus déterminants sur les points de vigilance à exercer sur les chantiers, les lieux où peuvent surgir les problèmes. Certains dirigeants sont assez stupides pour penser que les syndicalistes sont forcément des ennemis !

Pour gérer ce genre de situation, vous pouvez étudier tous les ouvrages de management qui existent et ils sont nombreux, vous ne trouverez pas la réponse. Je mise également sur le fait, que, parmi les agents que je vais diriger, un certain nombre me connaissent et peuvent être mes alliés.

Dès les premières séances de travail je m'adresse à mes agents dans ces termes.

« Je souhaite que notre équipe de travail fournisse un travail de qualité et pour cela j'ai besoin de vous. Nous avons tous intérêt à ce que les choses se passent bien et je ne suis pas un adepte de la trique. La menace, la sanction, ce n'est pas mon style et j'accomplirai avec vous une part de travail ».

Ainsi, je n'hésite pas à mettre la main à la pâte sur les chantiers lorsque je l'estime nécessaire, pour que les travaux soient bouclés dans les délais. Cela se sait et cela déplaît un maximum à mes collègues inspecteurs qui disent que je tue le métier. Il est en effet acquis qu'un cadre n'a pas à faire du travail d'exécution. Mais chacun sait que je peux bousculer l'ordre établi.

Ma relation positive avec les agents constitue une aide précieuse au management. Ainsi, l'un de ces personnages célèbres comme il en existe dans toutes les entités de travail, est réputé pour être la terreur des chefs. C'est une sorte de mélange de GAINSBOURG et de LEO FERRE. Lorsque le Directeur départemental visite les chantiers il n'hésite pas à venir éructer devant lui avec des provocations du genre « Alors c'est vous le taulier ? J'ai deux mots à vous dire » ! Il ne dédaigne pas les boissons alcoolisées et il faut jouer de diplomatie si on veut le voir travailler un minimum au cours de la nuit.

Je me doute bien qu'il va m'apostropher un jour ou l'autre. Un soir au moment de la pause il s'approche et me toise :

      –   Tu veux que je te dise ?!

      –   Je crains le pire, mais allez-y …

      –   Eh ben tu es le moins con de toute la tribu des imbéciles !

Un immense éclat de rire s'ensuit et les collègues sont nombreux à me dire qu'il s'agit de sa part d'un compliment. Il faut avoir le triomphe modeste dans cet environnement.

Lorsque les syndicats appellent à la grève, le Directeur d'établissement s'inquiète à propos de moi. Il me téléphone à mon domicile avant la grève pour savoir ce que je compte faire sur le thème : vous comprenez, vous avez le droit de faire grève mais il faut que je m'organise.

Alors je choisis une formule qu'aucun cadre n'a expérimenté avant moi et ne le fera jamais. Je lui réponds que je serai présent. Je lui adresse un courrier pour lui confirmer ma présence sur le lieu de travail, MAIS, Je me déclare solidaire du personnel gréviste, et à ce titre, je demande à ce que mon salaire soit amputé dans les mêmes proportions. Je précise également que mes consignes de travail se limiteront cette nuit-là à la sécurité des dépêches et des objets. J'affiche une copie de ma lettre sur le panneau de la CFDT.

Je pense qu'aujourd'hui, j'aurais de graves ennuis pour un tel comportement, mais l'intégrité est pour moi une valeur supérieure.

J'estime ainsi être loyal avec La Poste et avec mon engagement syndical même si cela fait bondir mes détracteurs pour qui les fonctions de cadre et de syndicaliste sont incompatibles.

Le facteur sonne à ma porte :

Un an plus tard, je délaisse le travail de nuit pour prendre mon poste de Secrétaire Régional au sein de la CFDT.
J'ai expliqué quel était mon vécu dans le chapitre consacré au syndicalisme alors je passe directement à l'année 1987 où, après l'exercice de mon mandat syndical, j'occupe la fonction d'Inspecteur Distribution au sein de l'établissement de Besançon DEMANGEL.
J'encadre désormais 120 facteurs avec 4 chefs d'équipe que l'on dénomme à l'époque, conducteurs de travaux.
Contrairement à ce que l'on peut penser, la tâche n'est pas si rude. Il faut bien connaître à apprendre le milieu, la sociologie des facteurs. Ce sont essentiellement des gens de conditions modestes. Ils aiment faire leur job ce qui n'est pas rien.
La plupart d'entre eux exercent une autre activité l'après-midi, ce qui peut les conduire parfois à bâcler certaines opérations, mais d'une manière générale aboutit plutôt à les stimuler pour effectuer leur tâche dans les meilleurs délais.

Il faut savoir que la journée d'un facteur commence très tôt le matin à 6 heures pour effectuer les travaux préparatoires à la distribution, la ventilation du courrier par quartier de distribution puis, le classement dans l'ordre de la tournée.

Les facteurs ont un certain respect pour la hiérarchie et je ne rencontre aucune difficulté lorsque je m'adresse à eux. Les problèmes à régler ne sont pas très compliqués, un mandat qui n'a pas été payé dans les délais, un courrier déposé dans la mauvaise boite. Ce qu'il faut bien comprendre, c'est que le facteur n'a pas intérêt à se mettre à dos ses clients. Alors, dans ce cas de figure, la qualité du service rendu tombe sous le sens la plupart du temps. Mon travail consiste le plus souvent à mettre de l'huile dans les rouages plutôt que de sanctionner. Je le ferai néanmoins une seule fois, pour un agent qui refuse de distribuer un paquet, en prétextant que ce n'est pas à lui de le faire mais à son collègue de la tournée d'à côté.

Je le préviens d'avance en lui disant que s'il maintient son refus, je lui dresserai un procès verbal, procédure disciplinaire classique qui peut ensuite avoir des répercussions sur sa notation. Il refuse de céder alors malgré ma répulsion pour ce genre de méthode, j'engage la procédure disciplinaire. Après un entretien avec le chef d'établissement, il vient lui-même s'excuser auprès de moi avec une confidence qui me fait plaisir.

« Si Monsieur TARBY vous a adressé une sanction, c'est vraiment que vous la méritez ! » s'est-il entendu dire. Ce n'est pas mon style effectivement.

J'aurai également à gérer des situations plus conflictuelles. Dans chaque entité de travail il existe des règles non écrites, des accords tacites. Ainsi, on considère que la durée du tri général le matin est d'environ 30 minutes selon, paraît-il, un accord entre l'administration et les syndicats. Les chefs d'équipe me font part de leur difficulté à écouler la totalité du trafic, les facteurs ayant une fâcheuse tendance à vouloir appliquer cette règle à la lettre. Alors je n'hésite pas une seconde. Pour moi, il est hors de question différer la distribution du courrier de 24 heures au nom de pseudos accords. Je me rend donc chaque matin au pied des casiers pour faire passer le message : la règle générale est qu'il n'y a pas d'heure de fin de tri, et si une situation exceptionnelle se présente, il appartient à l'encadrement et non aux facteurs de prendre les dispositions qui s'imposent.

Mes oreilles sifflent lorsque je remonte dans la salle. J'ai droit au couplet de la CGT sur les conditions de travail inacceptables, et les avantages acquis. Ma réponse est simple : « Voulez-vous qu'on parle de vos horaires de travail ? » Les conditions de travail des facteurs sont, à ce moment-là plutôt favorables, et je m'emploie à leur dire en précisant : « Profitez-en, cela ne durera pas ! »

Je suis en effet, bien placé pour savoir que La Poste se prépare à durcir son management, mais j'ignore encore à quel point. Ils ronchonnent pour la forme, mais n'insistent pas. Certains m'ont abusivement accusé de prendre systématiquement partie pour les agents.

Je serai également amené à traiter un autre problème encore plus épineux. Il y a dans le milieu de la distribution une tradition. Chaque matin à la fin de tri, c'est « l'appel des facteurs». Comme chacun sait, les adresses ne sont pas toujours rédigées correctement. Pour palier à ce problème il y a un temps où, chaque facteur qui a en main un courrier dont l'adresse est douteuse, vient au micro pour interroger ses collègues et tenter de trouver la bonne adresse.

L'interrogation se fait par le nom du destinataire et comme par hasard, à chaque fois qu'un nom à consonance arabe est prononcé, cela déclenche un tollé de sifflets et de vociférations racistes avec même parfois des « Vive LE PEN ! » Je suis stupéfait d'entendre cela, et mon collègue s'esclaffe : « Mon pauvre ami, il y a des années que ça dure et on laisse faire, si cela peut les défouler ... »

 Mon sang ne fait qu'un tour. Le lendemain je vais moi-même au micro. Mon message est de courte durée mais ferme : « Mesdames, messieurs, ici l'inspecteur.

Hier, pendant l'appel des facteurs, il s'est produit des manifestations qui n'ont pas lieu d'être dans un établissement public. Alors je serai bref, si je dois de nouveau les entendre, je prendrai les dispositions pour que des sanctions soient mises en œuvre ! »
JCT qui menace de sévir, voilà qui est plutôt rare !

Au regard de la gravité de la situation, j'adresse un rapport écrit au chef d'établissement qui rédige sur le champ une note de service confirmant mes propos.

Comme quoi, au-delà de l'engagement politique, il faut parfois tout simplement accomplir son devoir de citoyen et c'est ce que j'ai fait. Je peux vous dire que si ma hiérarchie avait commis l'erreur de me désavouer, l'affaire serait allée très loin ! Le racisme, n'est pas une opinion mais un délit ! C'est encore plus vrai en 2019 qu'en 1987. Je ne laisserai jamais rien passer, avis aux amateurs !

Mon passage à la distribution est bien agréable mais de courte durée puisque très vite, je décroche un emploi de formateur.

Apprendre en enseignant :

Avant d'exercer mon métier de formateur, je dois me rendre à l'INCA (Institut National des Cadres Administratifs) de Lyon pour y suivre une formation durant quelques mois. J'y acquiers les bases de la pédagogie, des notions de savoir, savoir-faire et savoir-être. C'est pour moi une période bénie, sans le moindre stress.

 Avec mes collègues, nous sommes comme des étudiants qui s'éclatent le soir au son de ma guitare jusqu'à 3 heures du matin, en dépit des protestations du directeur de la « Maison des Élèves » qui nous accueille.
Nous vivons cette période avec joie et insouciance .

Nous y apprenons toute la boite à outil du formateur, mais également la politique de formation de La Poste qui se résume en pédagogie par objectifs (PPO) dans laquelle il s'agit de finaliser les objectifs institutionnels : quel est le sens de développer tel type de formation et les objectifs de formation, qui, de manière pragmatique, peuvent se classer en 3 grandes catégories :

- Le savoir qui se rapporte aux connaissances du stagiaire,
- Le savoir-faire qui se rapporte aux compétences techniques,

159

- Le savoir-être qui se rapporte aux compétences comportementales et relationnelles.

Nous esquissons également les notions d' expression orale, conduite de réunion, animation de groupe et gestion du temps que j'aurai l'occasion de creuser ensuite. Tout cela est passionnant. Nous nous entraînons à des séances de formation au magnétoscope avec restitution et debriefing, une méthode d'une grande efficacité qui nous permet d'apprendre de nos erreurs et de celles des autres dans un état d'esprit résolument positif. Je conserverai de cette base une structure que j'appliquerai autant de fois que je le pourrai dans mon métier. Elle s'oriente autour des axes suivants :

1 – Quels sont les éléments factuels clefs qui ressortent d'une prestation ?,

2 – Quels sont les points positifs et les axes de progrès ?

3 – Que peut-on faire de différent ?.

Il ne sert à rien de dire à quelqu'un « qu'il a mal fait ».
La pédagogie de l'erreur plutôt que de désigner un coupable s'attache à relever des faits concrets, les causes et les conséquences afin d'établir un mode opératoire nouveau qui permettra une réelle amélioration du processus. Il n'y a pas de place pour la culpabilisation ni pour les regrets dans un processus d'apprentissage.

Je dévore tous les ouvrages relatifs à la pédagogie qui me tombent sous la main. Petit à petit j'apprends à « monter » des travaux pratiques, des jeux de rôles, des observations de situation, tout cela excite ma curiosité et je ne manque aucune occasion d'expérimenter des choses nouvelles.

Nous sommes vers la fin des années 80 et la formation a le vent en poupe au sein de La poste. Les besoins sont immenses. Il y a bien sûr la nécessité de former les guichetiers à réaliser les opérations postales à l'aide d'un micro-ordinateur. C'est pour cela que nous avons été recrutés.

Mais, il faut aussi savoir dans la vie et dans le monde du travail, sortir des sentiers battus et proposer ce que personne ne vous demande, plutôt que d'obéir bêtement comme le font certains. Ainsi, l'apparition de l'ordinateur constitue une révolution dans la vie quotidienne et aussi, dans la vie au travail. Je flaire alors une formidable opportunité dont je parle à mes collègues.

Je leur explique en substance que la plupart des gens sont devant un ordinateur comme des poules devant une brosse à dents. Nous, formateurs, sommes donc les mieux placés pour tirer notre épingle du jeu et éclairer cette zone d'incertitude qui angoisse les gens.

Petit à petit, nous bâtissons des modules intitulés par exemple « Utiliser un ordinateur... ».

Il s'agit de comprendre comment cette bête fonctionne, ce qu'est une mémoire, un microprocesseur, les notions de fichiers et de répertoires, apprendre à entrer, stocker et supprimer des données. Il y a du travail et des exercices à inventer. La bureautique est également une fonction déterminante. A l'époque, le seul outil sur le marché se nomme WORKS. Il contient un programme de traitement de texte, un tableur et une base de données. Il faut des heures d'exercice pour s'approprier toutes ces notions.
Les demandes des stagiaires sont nombreuses et nos cours sont bien remplis. Les cadres supérieurs ne se manifestent pas. Ils pensent qu'ils n'ont pas besoin d'apprendre cela, qu'ils auront toujours une « petite main » disponible pour faire ce travail. Ils se trompent lourdement et le réveil sera difficile pour ceux qui n'auront pas su anticiper ce changement radical.

Je me souviens en particulier d'un après-midi de travail où précisément avec mon collègue Claude nous n'avions rien à faire. Le cours d'informatique s'était terminé plutôt que prévu au regard du faible nombre de participants. A la limite nous aurions pu rentrer chez nous, notre chef n'aurait rien vu. Mon collègue me dit alors : « Jean-Claude que dirais-tu de chercher ensemble comment rendre l'informatisation des guichets plus facile à ceux qui en ont peur ? » Cela donnerait du sens à notre après-midi.

Nous avons gratté ensemble en inventant nombre de métaphores différentes. Nous avions affaire à un public qui n'avait aucune notion d'informatique. Pour ne citer qu'un exemple, nous parlions à des dames âgées en termes de recettes de cuisine afin d'avoir une porte d'entrée. Elles avaient peur de l'informatique, donc il fallait juguler cette peur. Nos commanditaires nous demandaient juste une formation « presse bouton » mais nous savions pertinemment qu'une telle démarche était vouée à l'échec.

Ce jour-là nous avons inventé une méthode pédagogique qui n'existait dans aucun manuel.
Partir de ce que les gens connaissent, de ce qu'ils aiment faire, leur montrer comment l'informatique peut les aider, ce qu'ils peuvent gagner, leur montrer surtout qu'ils peuvent y arriver et tout le monde y arrive, plus ou moins vite certes, mais peu importe. Nous avons eu un succès fou !

J'avais pris l'habitude d'ouvrir les sessions de formation pour les guichetiers des bureaux de poste de la manière suivante :

« Toutes les personnes qui sont passées dans cette salle sont désormais capables d'utiliser l'informatique, même si c'est parfois sous la torture... ». Tout le monde riait et se décontractait, c'était gagné !

Si nous avions bêtement appliqué les consignes de l'institution, nous nous serions contentés de montrer sur quel bouton appuyer, de rédiger des modes opératoires rigoureux, ce que nous savions faire mais qui nous semblait insuffisant.

Nous allons travailler avec plaisir. Notre chef nous soutient et nous consulte régulièrement. Notre patronne s'appelle Christiane LIEFFROY. Je suis pour le moins circonspect lorsque j'apprends que je vais lui être hiérarchiquement rattaché. Elle était naguère mon ennemie jurée lorsque j'étais à la tête de la CFDT. Nous avons vécu des conflits relationnels terribles. Elle a la réputation d'une dame de fer impitoyable. Son côté bourgeoise bien mise contraste avec mon accoutrement de baba cool.

Je ne lui ai jamais fait dire mais je serai prêt à parier qu'elle se situe politiquement plutôt à droite, disons d'une droite modérée, humaniste, si tant est qu'une telle droite puisse exister. Elle ne peut pas ignorer mon côté gauchiste. Bref, tout semble nous séparer.

Alors évidemment, je redoute le pire et je prends les devants. Lors de notre premier entretien, je lui propose de faire table rase du passé et d'essayer de faire en sorte de travailler ensemble dans la sérénité.

Non seulement elle accepte le marché mais au bout de quelques jours seulement, nous devenons des amis et une loyauté sans faille dominera désormais nos relations jusqu'à la fin de notre carrière. Sous un abord extrêmement sévère, je découvre peu à peu que cette femme cache des qualités humaines exceptionnelles, notamment un sens aigu de l'honnêteté et de l'intégrité que je partagerai avec elle.

Elle est sur un poste de niveau plus élevé que le mien mais nous sommes des amis et nous acceptons de nous critiquer mutuellement étant entendu que la critique a pour seul but de faire progresser l'autre. Le seul revers de cette médaille sera que je me ferai haïr copieusement par ceux qui la détestent, mais je ne la lâcherai jamais.

Je ne suis pas quelqu'un de facile sur le plan relationnel. Certains de mes proches sourirons. Mais Christiane dispose d'un tact qui me pousse à tout accepter quand cela vient d'elle. Un jour je lui présente un exemplaire de mon CV. Je perçois assez vite l'agacement dans ses yeux. Elle soupire : « Excellent ton CV ! Tu as toutes tes chances si tu postules pour animer une colonie de vacances ! » C'est dur à entendre mais salutaire …

« Regardes ton CV et dis-moi quel est le verbe qui revient le plus souvent ? Alors Jean Claude, je sais très bien que ton CV ce n'est pas toi, mais que répondras-tu si un jury te pose la même question ? !

Eh bien oui ça décoiffe. Je reviens une demi-heure après avec sur mon CV les verbes « Piloter, Diriger, Assurer, Organiser.... ».
« C'est déjà mieux !» me dit-elle adoucie. Quelle femme !

Une autre fois, alors qu'elle est en difficulté sur son poste, je parviens à réunir la signature de la quasi totalité du personnel du Centre de formation sur une pétition de soutien ce qui provoque la stupéfaction générale de la Direction. De la même façon elle sera capable de m'aider à me sortir de situations plus que difficiles.

J'exercerai mon métier de formateur pendant 7 ans avec délectation. Lors de cette période je serai amené à étudier encore et toujours.

Mes placards regorgent d'ouvrages spécialisés dans la communication et le management. Je devrai notamment m'approprier des approches psychologiques comme l'analyse transactionnelle et des outils de développement personnel tels que la programmation neurolinguistique.

L'ingénierie de formation me passionne également. Même si personne ne me le demande, je crée des modules de formation de A à Z, avec les exposés théoriques et les exercices pratiques. J'aurai ainsi beaucoup de succès avec un module nommé « L'argumentation, principes et méthodes... » qui sera très prisé des cadres.

Un peu plus tard, à la demande de ma ligne hiérarchique, je crée et dispense le module : « L'objectif outil de management... » Rien ne me fait peur.

Même si j'ai une préférence pour les approches de communication et de management, je refuse toute spécialisation et je n'hésite pas à me lancer dans des domaines aussi divers que la gestion du temps, la comptabilité générale et analytique, les calculs financiers et la vente de produits financiers. C'est l'époque de tous les possibles, époque au cours de laquelle avec ma collègue Francine, nous formons un duo efficace et apprécié des stagiaires. J'en profite parce que cela ne durera pas hélas.

Aventure extra postale :

Au début de la décennie 90, mes relations me permettent d'être recruté par la chambre de commerce et d'industrie de STRASBOURG pour assurer la formation des élèves ingénieurs de l'ENSPS (École Nationale Supérieure de Physique). Mon rôle consiste à sensibiliser les jeunes élèves ingénieurs à l'importance et la complexité liées à la communication. Je garde un souvenir amer de cette expérience. Je n'effectue que quelques vacations par an. Même si je dois poser des congés pour me rendre à STRASBOURG, je suis largement mieux payé qu'à la Poste, le problème n'est pas à ce niveau-là.

Mon contact avec les élèves ingénieurs est d'une manière générale tendu. Ces jeunes gens s'ennuient avec moi et me le font savoir.
Ils me trouvent généralement trop lent et prétendent que j'enfonce des portes ouvertes. Pour eux, la communication c'est simple : un émetteur, un récepteur, des parasites, et il n'y a pas de quoi y passer des heures.

De mon côté, je suis stupéfait par leur manque d'éthique, leur esprit de compétition, leur obsession du rendement et du résultat. C'est comme s'ils étaient déjà pourris par le système. Forts de leur certitudes pseudos-scientifiques, ils pensent être dispensés de réfléchir.

L'entraide, l'esprit d'équipe constituent des domaines qui leurs sont complètement étrangers. Seule la réussite personnelle a du sens pour eux et lorsque l'un d'entre eux est en difficulté, il ne reçoit que moqueries et sarcasmes. Je suis tout simplement écœuré par leur comportement. Au fond de moi-même, je me dis que s'ils en sont là, ce n'est pas par hasard. Ainsi, les grandes écoles qui devraient apprendre à leurs élèves à devenir des dauphins ne produisent que des requins prêts à marcher sur les cadavres de leurs collègues pour réussir. Tout cela est affligeant.

Hors de moi, je leur lance cette ultime alerte : « Vous pensez avoir tout compris de la communication en quelques minutes, eh bien sachez que vous en aurez pour toute votre vie ! »

Sur le chemin du retour je me dis que c'est bien triste de savoir que ces jeunes gens sont les futurs cadres supérieurs des entreprises. Cela me donne même le vertige. Ce sont en fait des « petits macrons » dépourvus d'empathie et de sens humain qui sont entrain de monter en flèche dans le monde du travail. On en voit les résultats aujourd'hui.

Bien évidemment, j'aurais pu me contenter d'encaisser sans me poser de questions mais au bout de deux ans, je fait savoir à mes employeurs que je jette l'éponge.

Encore un nouveau métier

A partir de 1995, le vent tourne à La Poste. Une réforme est mise en place. Le statut de fonctionnaire est conservé par ceux qui en sont détenteurs, ce n'est pas une faveur mais une obligation juridique.

Pour les personnes nouvellement recrutées, c'est la fin des concours et le début des statuts précaires. Les grades n'existeront plus, désormais, ils sont remplacés par des fonctions. Ainsi, je passe désormais du grade d'inspecteur, au statut de cadre administratif de premier niveau. Le système de promotion est également profondément modifié. La promotion se fait par examen d'aptitude avec des jurys de sélection dans lesquels les membres du jury connaissent les candidats. Il n'est pas difficile à imaginer que le clientélisme devient la règle d'or.

Mais le vent tourne également pour les formateurs. Alors que nous étions des éléments incontournables il y a peu de temps, nous devenons des éléments indésirables.
Bien sûr, on ne nous le dit pas ouvertement, mais point n'est besoin d'être expert pour deviner ce qui se cache derrière les petites phrases et la politique désormais affirmée par nos dirigeants en matière de formation. La Poste doit désormais se recentrer sur son cœur de métier. La formation doit pouvoir être assurée par l'encadrement de proximité.

Ainsi, les nouveaux modules sont désormais livrés clefs en mains par des cabinets privés, avec des supports tout préparés et même les commentaires des supports sont formalisés.

Autant dire que la formation n'est désormais plus un métier. Les formateurs en place servent encore de relais dans des domaines très techniques, pas faciles à sous-traiter mais on sent bien que c'en est fini du métier de formateur.

Je suis profondément affecté par cette évolution, mais je suis lucide, je n'ai pas le choix. Je peux tenter de m'accrocher, mais à quoi bon se battre pour exercer une fonction désormais dépourvue de tout intérêt. Aussi je me dis que je dois « sortir par le haut » de cette mauvaise passe.

Une nouvelle opportunité s'offre alors à moi. La Poste, en plein bouleversement a besoin de services d'accompagnement du changement. La Poste est devenue un établissement à caractère industriel et commercial. Son activité s'apparente de plus en plus à celle d'une entreprise et de surcroît elle se situe dans un secteur fortement concurrentiel au niveau du courrier et des produits financiers. Le défi consiste à s'insérer dans cet environnement incertain, tout en continuant d'assumer les missions de service public. Pour cela, il va de soi que l'impérieuse nécessité de modifier de fond en comble les pratiques habituelles issues de la vielle administration en matière d'organisation du travail et de management, tombe sous le sens.

Pour mener à bien une telle opération, il faut être capable de canaliser les attentes et les résistances du corps social. La demande en expertise est énorme et, pour l'instant, aucune fonction, aucun service ne correspond à ces critères.

Un nouveau service est donc créé au niveau national. Il se nomme dans un premier temps « Mission d'appui RH » et deviendra ensuite « Ingénierie des Ressources Humaines ». La fonction qui s'y rapporte a pour nom « Conseil en organisation du travail et management». Elle deviendra ensuite « Consultant en Ingénierie RH ». Cette fonction m'intéresse au plus haut point et mon chef m'encourage à postuler sans attendre. Nous ne sommes que deux candidats. Mon concurrent est un commercial qui cherche à fuir le milieu. Au regard de ma solide expérience de formateur, il n'y a pas photo, je suis donc recruté sans problème.

Je suis intégré à une équipe de 6 consultants, à la tête de laquelle se trouve Régis SIMONI, un homme d'une qualité exceptionnelle. Notre rayon d'intervention comprend toutes les régions du grand EST.

Notre premier dossier concerne le projet Mulhouse 2000. Il s'agit de modifier en profondeur l'organisation du travail et les pratiques managériales au sein du Centre de traitement du courrier, un établissement industriel de plus de 100 personnes.

Il s'agit donc d'un dossier à risque avec une tradition de forte résistance de la part du corps social
et des organisations professionnelles. Notre intervention se déroule généralement selon le processus suivant :

1- Conduite d'entretiens semi-directifs auprès du corps social à partir d'un guide préalablement établi autour des axes suivants :

- Fonction tenue par l'agent dans l'établissement,
- Perception par l'agent de l'organisation du travail,
- Perception de la ligne hiérarchique par l'agent,
- Attentes de l'agent,
- Perception du projet par l'agent,
- Suggestions émises par l'agent.

2- Analyse des données collectées et formalisation d'un rapport,

3- Restitution de l'analyse auprès du Directeur de la ligne hiérarchique, du corps social et des organisations professionnelles sous forme de diagnostic et préconisations,

4- Accompagnement éventuel dans la mise en œuvre des préconisations.

Notre intervention est de nature psychosociologique. Nous utilisons notamment l'analyse stratégique des acteurs de Michel CROZIER pour établir la nature des relations entre les différents acteurs ou catégories d'acteurs.

Les entretiens sont utilisés comme matière première pour élaborer notre analyse, mais ne sont jamais retranscrits comme tels, notre déontologie nous conduisant à garantir la confidentialité pour chaque personne.

Mes débuts dans ce nouveau métier sont passionnants mais laborieux. Je suis moins expérimenté que mes collègues qui, eux, sont issus des services relations et conditions de travail et sont rodés à la pratique d'intervention.

Par ailleurs, certains d'entre eux ont reçu une formation lourde de la part du CNAM (Conservatoire National des Arts et métiers) dont je n'ai pas encore l'équivalent. Alors, ils ont tendance à me considérer comme une sorte de « pièce rapportée » à qui il faut faire la leçon. Lorsque je livre certains éléments d'analyse, j'ai parfois droit à des commentaires acerbes, soit sur l'évidence de mes propos, soit sur leur non pertinence. Mais je tiens bon et je prends ma place. Notre chef, en tous cas, me considère lui, comme un consultant à part entière. De surcroît, mon collègue qui intervient habituellement avec moi en binôme, est victime d'un grave accident qui le retire du service, ce qui ne facilite pas mon apprentissage. Par ailleurs, je suis entrain de me tailler une mauvaise réputation dans chaque département.

Il est vrai que je ne mets pas de gants pour parler à un Directeur départemental. Or, ces gens-là ont l'habitude qu'on leur dise ce qu'ils ont envie d'entendre et c'est bien ce que je ne leur dis pas !
Mes diagnostics et préconisations vont presque toujours dans le même sens . Ils s'orientent autour des axes suivants :

- Faiblesse du pilotage,
- Déficit de sens du projet pour le corps social,
- Manque d'association des acteurs,
- Management de type trop directif, pas suffisamment basé sur la créativité et l'innovation,
- Organisation du travail mal définie et peu formalisée,
- Processus de communication insuffisant ou inadapté,
- Dialogue social absent ou insuffisant,
- Climat social parfois délétère,
- Manque de reconnaissance du corps social.

Il est évident qu'un chef d'établissement qui reçoit en pleine figure tous ces éléments ne peut être content. Il faut donc pouvoir lui présenter de manière à pouvoir ensuite, travailler sur des axes d'amélioration.
Ce métier est formidable. Il y a 1000 choses à créer. J'apprendrai notamment à formaliser des modes opératoires et des référentiels. Un consultant doit maîtriser la méthodologie et être capable de la formaliser afin de la rendre utilisable par tous.

Je m'appliquerai entre autres à réunir des chefs d'équipes en groupe de travail pour établir des tableaux de suivi de leur zone de responsabilités, mettre en place une série de critères pour apprécier les agents qui sont placés sous leur autorité.

La formalisation des procédures et des processus de travail sera au cœur de mon activité lors de la mise en place des certifications ISO 9002, procédure de certification de la qualité du travail fourni par un établissement postal.

L'année 2000 est une année clef pour moi. D'abord parce que j'entre dans la sphère des cadres supérieurs par les chemins tortueux que j'ai déjà définis. Mais cette année est surtout celle de la mise en place des 35 heures de tous les établissements postaux. Notre service est fortement mis à contribution puisque notre responsable fait partie du comité de pilotage national de l'opération. Nous passons un temps très long à élaborer une méthode qui deviendra universelle, méthode dite de conduite du changement, découpée en différentes phases dont il faut respecter la chronologie. Son contenu découle directement de notre expérience du terrain. Il est censé répondre à toutes les carences que j'évoquais plus haut.

Je suis également sollicité pour apporter ma contribution à un groupe de travail national visant à établir un guide d'entretien pour collecter les attentes du personnel.

Je me rends régulièrement à Paris pour y rencontrer d'autres collègues et tout cela me ravit.

Je quitte parfois mon domicile avant 5 heures pour y revenir vers 21 heures, mais je ne me plains de rien.
Je ne réclame pas d'heures supplémentaires. Cela s'appelle la Motivation. Ce mot est très souvent galvaudé. La motivation, contrairement à une idée reçue ne saurait se décréter, elle est spontanée ou elle n'est pas !

J'ai peiné à me faire comprendre mais j'ai passé beaucoup de temps à expliciter cette notion. Un cadre n'a pas le pouvoir de motiver ses agents.
Tout au plus doit-il s'attacher à créer les conditions favorables à la motivation du personnel. On ne peut pas exiger la motivation.

La généralisation de notre méthode ARTT (Aménagement et Réduction du Temps de Travail) se révèle d'une parfaite efficacité. Nous la diffusons dans tous les départements du grand Est avec mes collègues et c'est une grande réussite pour nous, une immense satisfaction pour toute l'équipe. Il faut préciser aussi qu'elle est davantage qu'une méthode purement pragmatique. Il y a derrière une philosophie et je dirai même une politique. Pour nous le passage aux 35 heures doit se traduire par le triptyque suivant :

- Un bénéfice pour l'entreprise au niveau de l'efficience de l'organisation du travail,

- Une amélioration du service rendu aux clients,
- Une avancée sociale pour le personnel.

Cette triple exigence fera grincer des dents et couler de l'encre mais nous maintiendrons le cap sur cette orientation.
Je conduis ce processus en duo avec mon ami CHARLES, équipier fidèle et précieux.

Un peu plus tard, des changements dans l'équipe de consultants interviennent. Les deux collègues les plus anciens s'en vont et en lieu et place, deux jeunes filles sont recrutées : Adèle et Zohra.
Elles sont armées avec des DESS en management et nous formons une équipe d'une formidable complémentarité. Grâce à elles, j'appréhende de nouveaux concepts et je leur apporte mon expérience de la culture postale dont elles ignorent tout.
Aucune tension entre nous d'autant que notre chef, Sophie, est aussi une jeune trentenaire, formidable d'empathie et de bienveillance. Elle nous stimule sans nous mettre la pression. Elle est apaisante. Un jour, alors que nous sommes face à un dossier stressant et difficile à traiter, avec de forts enjeux, lors d'une réunion préparatoire au projet, elle a cette phrase magique :
« Bon soyez excellents, comme d'habitude... » Non ce n'est pas une injonction, c'est au contraire une marque de confiance.

Elle cherche à nous dire en substance, que nous sommes capables de réussir cette mission et nous la réussiront. Je ne compte pas les compliments qu'elle a pu m'adresser de manière verbale ou écrite.

Elle ne me fait qu'un seul reproche sur un dossier dans lequel j'ai mal géré la relation avec le client. Ce jour-là je me dis que si Sophie me désapprouve, c'est que vraiment j'ai dû me planter quelque part. En plus elle le fait avec élégance, de manière factuelle en me disant ce que j'aurais pu faire d'autre. Voilà ce qu'est la véritable fonction managériale.

Je vis en tous cas avec délice les 7 années que je passe dans ce métier. Cependant, les meilleurs choses ont une fin. Nous sommes en 2003.

La Poste qui n'en finit pas de se restructurer, s'organise désormais autour de deux métiers : le courrier et le réseau grand public (activités de guichets et services financiers). Un tel changement implique forcément des bouleversements pour nos fonctions de consultants.

Désormais, nous devrons choisir si nous voulons travailler pour le courrier ou le grand public, alors que jusqu'à présent nos activités couvraient l'ensemble de La Poste. Cela ne nous réjouit pas. Mais ce n'est pas tout. Se pose également la question du rattachement hiérarchique et il est établi que nous serons désormais rattachés à un décideur opérationnel qui exigera d'avoir des consultants à sa botte.

Il est clair que désormais, notre autonomie a du plomb dans l'aile.

Fin du rêve :

Mon analyse est sans appel : c'en est fini de notre métier dis-je à mes jeunes collègues. J'en suis d'autant plus convaincu que désormais, La Poste fait de plus en plus appel à des cabinets de consultants privés, qu'elle rémunère généreusement et qui disent ce que leurs clients attendent. Alors dans ces conditions, il est clair que nous sommes devenus les gêneurs. Je n'ai aucune illusion sur l'avenir. Juste j'attends de voir ce qui va se passer, mais je me trompe, j'aurais dû au contraire anticiper.

Les Directions de métiers mises en place, j'apprends que la Direction du courrier cherche un consultant, alors tout naturellement, je pose ma candidature. Il se passe du temps avant que je sois officiellement recruté. Je n'ai aucun contact officiel mais j'apprends que le poste pourrait être déclassé. J'entends même dire qu'il pourrait se limiter à la rédaction de comptes-rendus de réunions avec les organisations professionnelles. Je fulmine de colère mais je patiente.

J'apprends aussi que la Directrice du courrier est une femme redoutable qui entend mettre de l'ordre et bousculer les habitudes. Elle prévoit des réunions à 20 heures le soir parce qu'elle n'en peut plus de « ces cadres qui partent chercher leurs gamins à 16 h30 ! » « Il faut s'attendre à suer sang et eau avec elle » me confie un collègue.

Sophie, qui est toujours ma responsable, m'alerte aussi en me disant qu'elle reçoit des appels de la part de la Directrice du courrier qui lui demande des renseignements sur moi. Une question au hasard : « Est-il habitué à un rythme de travail soutenu ? »

Toute cette mise en scène me fait redouter le pire. Un jour la DRH, que je connais bien, m'appelle pour me dire qu'elle a le plaisir de vouloir me rencontrer pour parler de mon avenir au sein de la Direction du courrier. Je prépare minutieusement cet entretien mais cela ne se passe pas comme prévu. Dès que je commence à tenter de présenter mon savoir-faire, elle me coupe … « Jean-Claude ne te fatigue pas on te prend... »
Je devrais être content mais la froideur du ton sur lequel elle me parle m'en dissuade. Elle m'annonce immédiatement qu'un séminaire de constitution de la Direction du courrier aura lieu la semaine prochaine avec l'ensemble des chefs d'établissements de Franche comté. Elle ajoute : « La Directrice du courrier compte sur toi pour en assurer la réussite...Nous n'avons pas droit à l'erreur » ajoute -t-elle.

Je me dis que c'est un beau défi mais je ne sais pas ce qui m'attend. Je suis convoqué par ladite Directrice qui en effet me donne ses directives pour le séminaire.
Il n'y a pas de place pour la discussion, elle impose tout. Des séances de travail de groupes où tout est cadré d'avance, charge à moi d'en assurer l'organisation « et surtout la réussite » insiste-t-elle.

Je fais preuve de réactivité. Je vais à la pêche pour recruter des animateurs de groupes de travail que je briefe rapidement.   Je redouble d'énergie le jour du séminaire. Plutôt que d'aller manger à midi, je prépare les supports pour les animateurs de groupes de travail afin que les restitutions commencent dès 14 heures. Le pire est que cela marche ! Elle gagne son pari.
Elle sort du séminaire avec des orientations précises.

La Directrice me remercie officiellement et elle indique aux chefs d'établissements qu'ils peuvent me contacter pour toute question complémentaire... Je devrais être satisfait mais je suis circonspect et surtout épuisé, vidé.
J'ai certes relevé le défi, mais j'ai vraiment le sentiment que l'enfer est devant moi.

Dès le lendemain, je n'ai pas encore eu le temps de défaire mes cartons pour m'installer dans les locaux que la DRH me convoque à nouveau. Elle m'indique qu'elle a une mission pour moi. Il faut dégraisser au maximum en matière d'emploi et de masse salariale. Pour cela il faut aller dans chaque établissement opérationnel et revenir avec une liste des gens en surnombre... Rien de moins.
« Tu peux commencer demain matin » ajoute-t-elle.

Je suis abasourdi. Je ne sais que répondre.
Je lui dis que j'ai besoin de réfléchir, ce à quoi elle me répond que je dois surtout agir. De retour dans mon bureau, je suis sonné mais très vite, j'y vois clair.

C'est un piège qui m'est tendu et je dois refuser. Les choses sont claires, si je m'embarque dans une telle galère je perds mon intégrité et c'en est fini de toute façon de ma crédibilité et de mon métier. Aussi je rédige calmement une lettre pour officialiser mon refus. J'essaie de ne pas trop polémiquer et j'ai tort, me contentant de souligner le caractère incompatible d'une telle mission avec la déontologie de mon métier. Nouvelle convocation et cette fois l'entretien dure moins de 5 minutes.

« Bon, Jean-Claude, si tu ne veux pas faire ce que l'on te demande, alors tu iras trouver du boulot ailleurs. Tu dois partir dès demain et je t'interdis, d'ici là de parler à tes collègues ! »

Je ne réponds même pas et retourne dans mon bureau. Que puis-je faire ? Obéir ? Hors de question ! Que vais je devenir ? Je n'ai même plus de bureau... C'est grave !

Alors je commence à envoyer une série de mails à mon réseau de connaissances pour dire ce qui m'arrive sans même le commenter. Mon téléphone ne tarde pas à carillonner et des messages de soutien me parviennent.

Le directeur de BESANCON DEMANGEL me dit qu'il a subi le même sort pour avoir refusé le budget et la ligne qu'on lui demandait de suivre.

Mais dans quel monde vivons-nous ?

Mon amie Christiane, qui est directrice d'une entité comptable, m'appelle et me dit qu'elle cherche justement un responsable de service pour le DOUBS. Je la remercie mais je lui demande de patienter, je suis trop bouleversé.

Je me rends à l'étage supérieur à la Direction du réseau grand public pour demander l'hospitalité en attendant d'avoir retrouvé une affectation. Par chance, le DRH met immédiatement un bureau à ma disposition. Le déménagement est vite fait : je n'ai pas eu le temps de défaire mes cartons alors il suffit de les transporter. Au moment où je m'attelle à cette tâche, la DRH du courrier m'interpelle à nouveau :

- « Jean-Claude où vas-tu ? »
- « Si on te le demande, tu diras que tu n'en sais rien. »
- « Mais enfin tout de même, tu n'es pas raisonnable, tu risques une sanction pour refus d'obéissance... »
- « Monte le dossier, tu ne seras pas déçue, tu devrais savoir que quand j'ai dit non c'est non ! Je ne serai pas le PAPON de la Direction du courrier !»

Elle pâlit devant mon regard empreint de fureur. Elle m'avouera un peu plus tard avoir misé sur le fait que l'intimidation me ferait obéir. C'était mal me connaître.

Plus tard, elle fera courir le bruit selon lequel JCT ne s'est pas fait virer, c'est lui qui n'a pas eu le courage d'accomplir sa mission. Tous les coups sont donc permis !

Quelques jours plus tard, je reçois à mon domicile un paquet contenant une bouteille de GEWURZTRAMINER « vendanges tardives » un vrai délice. L'envoi vient de Sophie et elle y a joint ce mot. « Tu as peut-être perdu ton poste, mais tu n'as pas vendu ton âme au diable, ce qui ne m'étonne pas de ta part... » Bon Dieu que cela fait chaud au cœur ! Cela m'arrache des larmes.

Beaucoup de collègues n'ont pas compris pourquoi je n'avais pas eu recours aux syndicats. J'y ai pensé et certains agents m'ont même proposé de faire une délégation de masse dans le bureau de la Directrice du courrier. Sur le plan des règles RH, j'aurais peut-être obtenu ma réintégration sur mon Poste. Mais à quoi bon ? Pour quoi faire ? Il est clair que mon profil de consultant n'était désormais plus compatible avec les exigences de la Direction du courrier. Il faut savoir qu'à ce moment-là, j'avais depuis peu rendu ma carte CFDT, suite à la trahison de François CHEREQUE sur le dossier des retraites. J'ai informé les syndicats de ce qui m'était arrivé avec le commentaire qui suit. Lorsque l'on voit comment La Poste traite ses cadres supérieurs cela en dit long sur le sort qui attend les agents. L'avenir me donnera raison.

Ce que je viens de vivre n'est qu'un prélude.

Le climat qui va s'instaurer ensuite au sein de l'entreprise sera des plus malsains. Tout sera fait pour pousser les salariés à « aller voir ailleurs ». La Poste a décidé de baisser sa masse salariale, décision stratégique et chaque responsable de service est chargé de « faire le ménage ».

Ma mise au placard ne durera qu'une quinzaine de jours. Un peu plus tard je prends le poste de Responsable des services comptables à la stupéfaction générale. En principe, lorsqu'un cadre supérieur est au placard, il y reste plusieurs années.

Je ne voulais pas de cela, c'est pourquoi j'accepte le poste proposé par mon amie Christiane. C'est un choix par défaut. La comptabilité n'est pas ma tasse de thé, mais il faut bien vivre et l'idée d'être payé à ne rien faire ne m'est pas supportable.

Alors je termine ma carrière sur ce poste sans histoire, en faisant le job, mais sans plus. J'apporte une aide précieuse à mes agents pour « développer leur employabilité » comme le demande l'institution. Je connais toutes les ficelles pour élaborer un bon CV et je suis devenu un spécialiste pour conseiller les candidats qui vont subir un entretien avec le jury. Les agents viennent souvent me demander où aller pour être tranquille ? Je ne leur laisse aucune illusion. La tranquillité n'existe nulle part, ce n'est pas La poste qui est devenu un enfer mais le monde du travail.

Pourtant, bizarrement, au soir de mon pot de départ en retraite en 2007, lorsque je prends la parole, je remercie La Poste pour toutes les opportunités qu'elle m'a offertes. En regardant mon parcours avec toutes ses péripéties, une dizaine de métiers, une vingtaine de lieux de travail différents, le lecteur comprendra aisément que l'entreprise, fût pour moi, un lieu d'épanouissement, même si j'ai parfois critiqué sévèrement certaines pratiques et orientations. J'ai gardé des contacts avec pas mal de collègues et à chaque fois que j'en rencontre, on me dit que je suis parti au bon moment.

Alors ? Que penser de cette vie de petit travailleur tranquille ? De « fonctionnaire sans souci » ?

Cela interpelle non ?

Une dizaine de métiers exercés dans une vingtaine de lieux différents avec des turbulences, des satisfactions, des surprises, des frustrations , voilà qui ressemble à une aventure.

En réalité, je plains ceux qui n'ont jamais eu de problèmes. Ceux qui ont fait leur carrière sur le même poste, dans la même institution, en faisant le même travail... Pas étonnant qu'ils soient en désarroi quand vient l'heure de la retraite.

Une aventure politique

« Pour changer la vie, il faudrait d'abord changer la vie politique. »
Pierre BOURDIEU

Ah ! Il fallait bien qu'un jour ou l'autre, je me frotte à la chose publique. Soyons honnêtes, je ne décide pas un beau matin de me lancer dans la grande aventure.

Nous sommes en 1995, c'est le moment des élections municipales et je suis sollicité par une candidate dissidente du maire sortant pour faire partie de sa liste. Je suis très honoré bien sûr, mais il faut reconnaître que je ne prends pas la chose très au sérieux. Le Maire sortant de CHATILLON LE DUC sollicite un troisième mandat, et selon moi, il a toutes les chances de l'obtenir. C'est disons, un homme sans histoire, à droite mais sans plus et plutôt sympathique au demeurant. Il a cependant, face à lui, deux listes d'opposition. Je me renseigne sur les orientations de la liste qui me sollicite et surtout sur la tête de liste.

Il s'agit de Marie Christine BUISSON, assistante sociale et très axée sur les questions d'action sociale et d'emploi. Cela me convient et je donne mon accord rapidement. La candidate me téléphone pour me dire qu'elle souhaite me rencontrer rapidement. Diable !

J'accepte la rencontre et je commence à m'intéresser d'un peu plus près au dossier. Elle se présente à moi longuement et me demande de faire de même.
Je ne lui cache rien de mes opinions politiques à gauche de la gauche, mon passé syndical et ma vie professionnelle.

Elle me fait savoir que je l'intéresse. Alors je lui demande de me parler de chaque membre de notre liste, parce que je veux savoir où je mets les pieds.

Vers la fin de l'entretien, décontracté je lui lâche avec désinvolture : « Bon je maintiens ma candidature si cela peut vous rendre service... » Elle se rembrunit aussitôt : « Me rendre service ? Mais bon sang, je pensais à un poste de Maire adjoint pour vous et je vous invite à y réfléchir ! »

Bon Dieu mais que m'arrive-t-il ? Il est temps que je me réveille. Alors il va falloir que je prenne ce dossier au sérieux. Soucieux d'atténuer la mauvaise impression que j'ai pu lui laisser, je me lance dans la rédaction d'une lettre détaillée sur les options qui sont les miennes. Je vais droit au but en proposant la mise en place de comités de quartier pour que les habitants puissent faire remonter leurs besoins et leurs suggestions auprès de la Mairie.

Cela ressemble à s'y tromper, à de la démocratie participative chère à Ségolène ROYAL, qui croit avoir inventé l'eau chaude.

Je lui indique également que mes priorités vont vers l'action sociale et l'emploi en déployant toute l'argumentation dont je suis capable.

J'espère ainsi pouvoir remonter un peu dans son estime mais je n'ai pas encore compris qu'une lame de fond va se déployer aux élections. Dès le lendemain de l'envoi de la lettre mon téléphone tintinnabule joyeusement.

« Bonjour Jean-Claude, je voudrais vous proposer le Poste d'adjoint au maire chargé de l'action sociale et de l'emploi... » Éberlué je balbutie que nous ne sommes pas élus, qu'il est trop tôt pour en parler...

Elle s'agace « Écoutez, je vous dis que nous avons de bonnes chances alors s'il vous plaît, réveillez-vous et pensez-y sérieusement, je dois savoir dès maintenant si je peux compter sur votre engagement ! »

Je lui demande un jour de réflexion avant de lui donner mon accord. La longue série des réunions préparatoires me permet de connaître mes colistiers et le courant passe. J'aime notre liste qui sent la fraîcheur, le renouveau, le dynamisme. Elle est pluraliste, pas nécessairement marquée à gauche mais cela ne me dérange pas. La campagne commence et je m'y investis pleinement dans mon quartier en sonnant à chacune des portes pour déposer et commenter notre profession de foi. Je suis très bien accueilli.

Ce que j'entends me fait dire que le Maire sortant a du plomb dans l'aile. Je me montre discret sur mes opinions politiques. Je n'ignore pas que mon village se situe très à droite, alors si je m'affiche ouvertement, je risque de me voir offrir une magnifique veste[9]. Pour une fois je la joue plutôt pragmatique, axé sur la résolution des problèmes locaux.

Lorsqu'on me demande de quel bord je suis, je réponds que je me situe plutôt à gauche, en précisant que je n'ai aucune carte politique, ce qui est exact , et que je ne suis pas sectaire, ce qui l'est peut-être moins. Je commence à y croire au fur et à mesure que la date approche.

Une fois n'est pas coutume, je soigne ma tenue et ma coiffure, j'achète une jolie veste verte. Quand on me complimente, je précise que je l'ai achetée pour éviter d'en prendre une aux élections...

Le dimanche électoral fatidique arrive. Je me présente à 10 heures à la Mairie et ne la quitterai que vers deux heures du matin.

Marie Christine est au bureau de vote et je la vois s'énerver contre certains accesseurs. Je lui fais signe de venir me voir et je la conseille rapidement en lui murmurant à l'oreille : « Essayez de vous montrer toujours calme et sereine, quoi qu'il arrive, c'est important pour votre image... » Elle approuve.

---

[9] « Une veste, prendre une veste, ramener une veste, ramasser une veste, expression typiquement locale qui signifie échouer lamentablement aux élections ou lors d'un examen.

18 heures, c'est le moment du dépouillement dans une atmosphère silencieuse et tendue.

L'opération commence et j'ai une bonne expérience de ce processus. En général le premier sac d'enveloppes dépouillé donne une idée de la tendance. Dans la quasi-totalité des cas celle-ci se confirme. Si elle est nette elle ne fait pas de doute. Il apparaît alors que notre liste est largement en tête. Je cherche du regard mes colistiers près des tables voisines.
Leurs sourires approbateurs me confirment que nous sommes bien partis. Le processus est lent et laborieux. Il y a des listes complètes, parfois des panachages et il faut calculer le nombre de voix obtenues pour chaque candidat. Les scrutateurs sont nombreux. Parmi eux le médecin du village qui en passant vers moi me livre ce sympathique commentaire :
« Eh bien dites donc Monsieur TARBY, vous avez des suffrages ! » Je n'en crois pas mes yeux moi-même.

Les résultats définitifs sont proclamés peu après minuit : nous sommes tous élus ! Je rentre chez moi, épuisé mais ravi, selon la formule chère à AZNAVOUR.

Je n'ai pas encore réalisé ce qui m'arrive, pas le temps de savourer mon succès que je suis rattrapé par le premier dossier épineux. Le surlendemain des élections la sonnette de notre porte d'entrée retentit et elle ne tintinnabule pas !

Il s'agit d'une délégation de voisins qui veulent me voir régler un problème important à leurs yeux. Pas très loin de chez moi, habite un marginal nommé MR FRIEDRICH.

Il vit seul dans une caravane sur un terrain mis à sa disposition par un particulier. Mais le problème est surtout qu'il utilise une sibylle et l'antenne perturbe les émissions de télévisions. Ils me font voir des cassettes vidéos pour montrer leur bonne foi. Je leur explique gentiment qu'ils doivent s'adresser à la personne concernée ou au propriétaire du terrain mais ils ne veulent rien entendre. Leur revendication est claire.
Ils veulent que je fasse appel aux forces de police pour le virer. Cela commence bien ! Je leur dis sans ménagement que je n'interviendrai pas étant donné qu'il ne se situe pas sur un lieu public. Alors ils fulminent de colère en me disant qu'ils ne m'ont pas élu pour me tourner les pouces !

Pour calmer le jeu, je leur dis que j'accepte d'aller lui parler afin de trouver une solution. Au moment où nous arrivons, l'homme sort de sa tanière et me fait l'effet d'une bête apeurée. Ceux qui m'accompagnent l'agressent immédiatement. « On est venu avec l'adjoint au Maire pour te dire d'arrêter ton bordel ! » « Foutez le camp hurle-t-il ! » Je sens que la situation va tourner au drame et je rappelle tout le monde au calme en disant que je reviendrai le voir seul. « Vous devriez vous méfier, il paraît qu'il a un fusil » me dit l'un de mes compagnons.

Je connais mes voisins. Ils ne sont pas foncièrement méchants mais ils n'aiment pas être dérangés.

Je leur promets de m'occuper de la question mais que vais-je faire ? Je prends conseil auprès du Maire. Marie Christine me dit que je serais fondé à ne rien faire mais dans ce cas, il ne tardera pas à y avoir des incidents alors l'idéal serait bien sûr de trouver une solution à l'amiable.

Lorsque je retourne voir notre homme, son comportement est encore plus provocateur.. Il m'accueille avec un doigt d'honneur et il a récupéré le chien du voisin, un molosse qui hurle en me tournant autour. Mais quel métier ! Je l'invite à se calmer, je ne suis pas son ennemi, j'ai envie de l'aider, mais j'ai très peur des chiens...
Alors miracle, il accroche la laisse au cou du clébard et nous pouvons commencer à discuter. Je lui demande de me dire de quoi il vit, et comment en est-il arrivé là.

Sa femme était avocate il a perdu le divorce, s'est retrouvé à la rue et il a sombré rapidement. Je vois bien qu'il n'est pas idiot, bien au contraire. Pour toute ressources, il dispose de l'ASS (Allocation de Solidarité spécifique,) réservée aux chômeurs en fin de droits. J'ai oublié le montant de cette indemnité mais je me souviens qu'il n'étais pas très élevé.

Je lui explique que la Mairie peut lui accorder certaines aides ponctuelles mais cela ne l'intéresse pas.

Alors je lui propose de tenter de le remettre sur le chemin de l'insertion. C'est très difficile car il a près de 60 ans. En attendant je lui demande de faire la paix avec ses voisins dans la mesure du possible, mais rien n'est facile avec lui.

Parfois il boit et il a l'alcool mauvais. Je me renseigne ici ou là et je lui trouve une place au foyer Julienne JAVEL de CHALEZEULE. Cet établissement offre un toit à ses pensionnaires et un peu d'argent contre un travail. Monsieur FRIEDRICH a été menuisier.

Lorsque je le conduis un lundi matin vers sa nouvelle vie, j'ai l'impression d'avoir affaire à un homme nouveau, prêt à faire ses preuves.

Je me rends régulièrement au foyer pour prendre de ses nouvelles qui sont bonnes, il donne satisfaction mais après 3 mois environ j'apprends brusquement qu'il a été renvoyé suite à un incident grave où il a agressé un autre résident.

Son point faible est facile à identifier : la maîtrise des émotions. Le Directeur du foyer me fait part de ses regrets, mais il m'explique ne pas pouvoir faire autrement au regard de la sécurité de chacun des résidents.

Tout est à refaire donc, mais je ne lâche pas pour autant. L'action sociale ce n'est pas des mathématiques. Certains pourraient dire qu'il avait une chance et ne l'a pas saisie. Je ne suis pas dans cette culture, loin de là.

Mon idée est, au contraire, qu'il faut sans cesse remettre sur le métier l'ouvrage, même en cas d'échec.

Encore faudrait-il pouvoir analyser les causes de cet échec et je ne suis pas psychologue de métier, mais pour certains, c'est tellement plus facile de jeter le bébé avec l'eau du bain.

Après mûre réflexion et discussion avec le Maire, je propose à Monsieur FRIEDRICH de travailler pour la Mairie en intégrant l'équipe des employés communaux dans le cadre d'un « Contrat, emploi, Solidarité ».

Vous savez, ce sont ces fameux emplois tant décriés par la droite et la macronie, pour qui seuls les emplois marchands ont droit de cité.

Notre nouvel employé assume sa tâche mais des conflits se produisent souvent avec ses collègues qui ont tendance à le considérer comme « au rabais » alors qu'il a un réel savoir-faire. Il faudrait que je dispose de tout mon temps pour assurer le management de l'équipe, mais je n'ai pas quitté ma fonction de consultant à La poste.

Un jour, je reçois un coup de fil de la secrétaire de Mairie m'annonçant que « mon protégé »[10] n'est pas en état d'accomplir son service. Je me rends immédiatement sur les lieux. Il est couché devant la porte de la Mairie. Sans rien lui reprocher, je le relève et l'accompagne jusqu'à sa caravane, c'est tout ce que je peux faire dans l'immédiat.

---

[10] Il y a de l'irone derrière l'expression !

Dans la voiture, je lui demande ce qui s'est passé et il m'explique vaguement qu'un de ses collègues lui veut du mal, mais je ne peux guère aller plus loin. Plus tard dans la soirée il vient sonner à ma porte. Il a un fusil à canon scié à la main et il demande à discuter avec moi. Je le fais entrer. Ma femme et mes deux enfants sont encore dans la salle à manger. Je le fais asseoir et lui demande s'il veut un sandwich. Il répond par la négative et retire les deux cartouches qu'il avait préalablement placées dans le canon de son fusil. Bien sûr qu'il n'avait aucune intention de me tirer dessus.

Sur le moment je n'ai pas peur mais ensuite, avec le recul, je me dis que j'ai peut-être été imprudent, que le scénario aurait pu tourner en carnage. Cet homme est instable. J'ai souvent pensé à cette scène avec angoisse. Notre discussion ne mène pas très loin. Il en veut à la terre entière. Pour essayer d'avancer, je lui signifie qu'il n'a pas tenu ses engagements. Il n'a pas travaillé de l'après-midi. Il me demande si je vais le sanctionner alors je saisis la balle au bond. « On en reparlera à condition d'abord que vous soyez au boulot demain matin à 8 heures ! » Il sera présent en effet.

Avant de nous séparer, je l'invite, sans illusion, à se séparer de son « putain de fusil » « Un jour ou l'autre vous allez faire une connerie et vous retrouver en taule ! ». Cet argument l'atteint.

« C'est vrai que c'est ça le problème.» Je sais à quel point il tient à sa liberté et de toute évidence, j'ai touché juste.

Un peu plus tard hélas, mes prévisions s'avèrent exactes. J'apprends qu'il a été incarcéré pour avoir tué un chien, suite à un conflit de voisinage et qu'il est connu des services de police. Pendant son incarcération, il m'envoie un courrier pour me demander de lui trouver un boulot ! Cette fois je jette l'éponge, la coupe est pleine, je ne donne pas suite. A sa libération il entre chez moi sans avoir sonné et me fait la leçon parce que je n'ai pas eu la politesse de lui répondre. Alors là je le prends par le bras pour le mettre dehors en lui signifiant que cela suffit comme ça et qu'il ne doit plus compter sur moi.

Fin de l'histoire. Il mourra quelques mois plus tard d'une pneumonie et nous ne serons pas nombreux à son inhumation. J'ai tenu à raconter cette histoire jusqu'au bout, sans omettre aucun détail, tant elle m'a marqué. Je considère qu'il s'agit d'un échec d'insertion sociale. Je vois déjà toute la facho-sphère et la beaufitude se déchaîner en me disant que j'ai gaspillé du temps et de l'argent public pour un clodo qui n'en valait pas la peine.

Non seulement je n'ai aucun regret mais j'ai la conviction profonde que mon action était la bonne.

Elle s'est juste avérée insuffisante. Sans doute, m'aurait-il fallu l'appui d'un éducateur et d'un psychologue (Tiens cela correspond juste au métiers exercés par mes enfants) pour remettre cet homme, non pas sur le « droit chemin » comme disent les bourgeois, mais sur le chemin de l'autonomie. Cet homme méritait mieux que cela malgré son côté insoumis et c'est bien cela que mes détracteurs qui me prennent volontiers pour un naïf, sont incapables de comprendre. Si je devais formuler un seul regret, ce serait celui d'avoir perdu patience, mais il faut bien reconnaître qu'il a chargé la barque ! Bien sûr qu'il est beaucoup plus facile de coller en prison toutes le brebis qui, pour diverses raisons, refusent de rejoindre le troupeau.

Pourquoi ai-je autant d'estime pour cet homme dont je désapprouve par ailleurs le comportement ? Il me semble inspirer la dignité et ce n'est pas rien ! Des exemples ? Il refuse le sandwich et la bière que je lui offre. Un jour, il vient chez moi paniqué par une piqûre de guêpe au bras. N'ayant rien sous la main je le conduis à la pharmacie.

La personne qui nous reçoit nous propose une pommade. Je sais qu'il n'a pas d'argent et je sors ma carte bleue pour payer alors il s'enfuit en courant, je n'arrive pas à le rattraper. Il rentrera à pied. Quel message veut-il nous délivrer par cet acte ? J'ai une hypothèse. La vocation première d'une pharmacie devrait être, en cas d'urgence à tout le moins de soigner d'abord.

Il se trouve qu'il n'en est rien. L'économie de marché veut d'abord qu'elle vende ! Capitalisme quand tu nous tiens !

La mairie offre en fin d'année les fameux colis de Noël pour les personnes âgées de plus de 65 ans.
J'ai toujours été dubitatif sur ce critère, et même sur ce type de prestation discutable. J'argumente un maximum au sein du service d'aide sociale pour offrir aussi un colis de victuailles à Mr FRIEDRICH. Après un débat serré, j'obtiens gain de cause mais au moment où je me présente la bouche en cœur avec le colis devant sa caravane, le bougre refuse de le prendre ! Les bourgeois des beaux quartiers de CHATILLON LE DUC ont moins de scrupules ! Alors pardonnez-moi pour cette lecture de classe, mais cela aussi me révolte.

Ne jamais renoncer, tout essayer, inspirer la confiance, donner un cadre mais savoir être souple, établir des contrats clairs, telle est ma conception de l'action sociale. Elle se situe aux antipodes de ceux qui veulent trier, sélectionner, exiger et donner des leçons en particuliers dans les milieux macronistes et bien sûr chez les amis de Madame LE PEN.

Par mon témoignage, j'entends attirer l'attention sur la complexité, l'importance de l'action sociale dans notre société. Les besoins sont immenses. Mais je sais que c'est peine perdue dans le cadre de la Macronie. Le président n'a-t-il pas affirmé que « le social nous coûte un pognon dingue et n'est pas efficace ? »

Le social est donc bien incompatible avec le capitalisme qui ne voit que par le marché.

Venons à présent à la suite de mon activité au sein du CCAS (Centre Communal d'Action Sociale) et de la cellule emploi.

Secteur emploi :

- Accueil, conseil et orientation des demandeurs d'emplois en matière de rédaction de CV et lettres de motivation, appui pour élaboration de projets professionnels, préparation aux entretiens d'embauches,
- Instruction et suivi des dossiers RMI,
- Contacts et prospection auprès des employeurs.

Secteur action sociale :
- Instruction des dossiers d'aide financière et présentation devant la commission,
- Élaboration des délibérations,
- Appui aux personnes âgées,
- Conception et réalisation de plaquettes de présentation des prestations sociales.

Instruction d'un dossier « emploi jeune »
- Constitution du dossier et présentation au conseil municipal pour accord,
- Animation d'un groupe de travail pour le recensement des besoins,

- Élaboration du cahier des charges.

Management des employés municipaux :
- Conduite des entretiens de recrutement,
- Élaboration des fiches de poste des employés municipaux.

A travers cette liste, on peut constater que je ne me suis pas ennuyé. S'investir dans la chose publique, cela signifie avoir une autre journée de travail à partir de 18 heures, avec des réunions nocturnes et être mobilisés parfois les dimanches et les jours fériés. Le peuple est parfois dur avec les élus. ..

A l'issue de mon mandat, le maire sortant, Marie Christine BUISSON me propose de prendre sa succession, m'assurant de soutenir ma candidature, mais je décline l'offre. Je sais que si je prends cette option je me lance dans une carrière politique qui me conduira à renoncer à mes activités postales et je ne le souhaite pas. Par ailleurs, je sais que je n'ai pas le cuir assez tanné pour la politique et mon souci de l'intégrité risque de me jouer des tours. Je n'en dirai pas plus.

Enfin autant je suis passionné par les domaines dont j'ai eu la responsabilité, autant il y a d'autres choses qui me déplaisent comme l'urbanisme par exemple.

Je suis donc satisfait de cette expérience mais je n'en rajoute pas.

La prison ? Bien sûr que je connais !

« J'ai passé la nuit en taule, et pis la journée aussi.
Y' a des choses franchement plus drôles,
à moins qu'vous aimiez l'ennui... »
RENAUD

Aux environs des années 2010, je décide de m'investir bénévolement dans une association pour un projet d'aide aux détenus de la maison d'arrêt de Besançon rue PERGAUD. L'association se nomme d'ailleurs ADD ou 2 AD comme « Aide aux détenus. »

Mon témoignage, à l'issue de cette expérience milite très clairement pour la suppression des prisons.
J'ai toujours détesté ce mot : prison. Il me glace. Au delà de cette expérience, je connais au moins deux personnes qui l'ont fréquentée. Dans un cas comme dans l'autre, j'ai la conviction profonde que le remède a été pire que mal. Ce que j'ai découvert à la maison d'arrêt de la rue PERGAUD de BESANCON renforce et même décuple mes convictions.

Notre projet s'appelle « Les chemins vers la lecture ».
Il s'agit pour nous d'apporter une aide aux détenus qui le souhaitent, pour acquérir les bases de l'écriture, la lecture, l'orthographe, la grammaire et la conjugaison.

Vaste programme et la démarche ne peut être la même que celle des profs avec les enfants. Nous ne sommes d'ailleurs pas tous enseignants.

Nous intervenons en duo pour des séances de deux heures environ, avec 4 ou 5 participants.

Ma première séance s'ouvre sur un incident. Avec mon collègue Philippe, nous sonnons à la porte de l'austère établissement. Il me prodigue les premiers conseils : « surtout ne jamais s'impatienter, ne pas tambouriner à une porte, car celle-ci pourrait bien dans ce cas, ne jamais s'ouvrir. Le gardien qui nous ouvre nous demande nos papiers et annonce froidement : « Monsieur TARBY n'est pas autorisé à intervenir, je n'ai aucune consigne sur ce point ! ». Pourtant nous avons préalablement réglé toutes les formalités. Philippe insiste avec diplomatie pour que le gardien contacte les services de ressources humaines. Celui-ci s'exécute de mauvaise grâce. Il me remet un badge visiteur en précisant que celui-ci ne vaut que pour aujourd'hui. Avant de poursuivre notre chemin il faut abandonner portefeuille et clefs de voiture.

Un hall nous conduit à la salle d'accueil (si on peut dire) et d'orientation. Ici, le gardien a une vue à 360 degrés afin de repérer la moindre anomalie. L'arrogance du « gardien orienteur » est encore pire que celle de son collègue. Après avoir écouté notre demande, il soupire : « Ah oui, vous venez pour les illettrés, franchement vous n'avez pas autre chose à foutre ? » Il cherche à nous faire comprendre que notre cause est perdue d'avance, que nous perdons notre temps.

Après des négociations serrées, il daigne sortir son portable pour appeler l'entité qui doit nous envoyer les détenus. Commence alors une longue attente, durant laquelle il nous « conseille » de rebrousser chemin et je vous l'écris en termes choisis.

Nos relations avec les détenus sont bonnes. Nous avons pour règle de ne pas évoquer ce qui les a amenés en prison, la nature de leur peine. Leurs motivations sont moyennes parfois même proches de zéro, mais nous parvenons tout de même à travailler.

J'ai le souvenir d'un garçon d'une cinquantaine d'années qui voulait absolument écrire une lettre à sa femme. Il parlait notre langue approximativement. Il m'a fallu plusieurs séances pour y arriver, mais j'ai réussi à lui faire écrire sa lettre. Il était ravi. Cela avait du sens pour lui, je peux vous le dire.

Les incidents dont j'ai fait état, se reproduiront quasiment à chaque séance : remarques ironiques de la part des gardiens, tentatives de blocage etc.... Nous découvrirons un jour que le service RH avait « oublié » de m'enregistrer. Une autre fois alors que je longe le couloir avec ma jeune coéquipière, j'entends une voix forte dans mon dos : « Eh où il va le guitariste !? » Je mets un certain temps à le reconnaître mais cela n'améliore pas nos relations pour autant.

Un autre jour, je dialogue avec un détenu qui est déjà venu à mes séances, nous parlons de choses et d'autres quand la sentinelle s'adresse à moi en fulminant. « On est pas dans un salon de thé ici Monsieur tonne-t-il ! Je dois faire beaucoup d'efforts pour me contenir. A chaque séance, j'entendrai le même discours selon lequel ce que je fais est inutile. Je finirai par me lasser et je tire mon chapeau à mes amis qui poursuivent encore aujourd'hui leur mission.

Je rêvais de contacts, de réunions, de projets communs avec les travailleurs sociaux, il n'en sera rien.

Mon idée est celle-ci : la prison est un lieu malsain dans lequel les gardiens ont des pouvoirs exorbitants. A mon avis, l'administration pénitentiaire serait bien inspirée de se soucier de la formation de ses gardiens. Je n'ai rencontré quasiment que des bourrins chantant les louanges du front national, pestant contre celui qu'ils surnomment « Votre ami BADINTER avec ses mesures à la con ».

A la sortie, lorsque la porte d'entrée de la prison se referme sur moi, je suis ébloui par la lumière du soleil et je ressens un profond soulagement. Bon Dieu qu'il fait bon à l'air libre. Je peux ainsi me faire une idée des sensations éprouvées par une femme ou un homme après plusieurs années de détention dans ces lieux sinistres et crasseux.

C'est pourquoi je plaide pour la suppression des prisons. Je sens que je vais encore me faire des amis parmi la beaufitude, mais dans ce domaine également, je voudrais bousculer les consciences. La punition nous semble à tous être une sanction adaptée en cas de manquement aux règles. J'aimerais interpeller ceux qui en ont la certitude. Sans doute peut-elle parfois être adaptée à certains cas, mais le plus souvent, la privation totale de liberté aggrave les choses plutôt que de les améliorer. Je sais que le français moyen peste contre le laxisme de la justice. Il faudrait, selon lui, des peines encore plus lourdes pour la racaille, sauf bien sûr celle en col blanc. Avons-nous envie de devenir un pays de barbares ?

Je ne suis pas le seul à militer pour cette cause, n'en déplaise à ses détracteurs. Christiane TAUBIRA, garde des sceaux sous HOLLANDE, cherchait à introduire d'autres mécanismes plus intelligents que l'incarcération. Pas étonnant qu'elle ait été victime d'agressions racistes et du déchaînement de la droite derrière SARKOZY pour la combattre. Les cons ont la peau dure ! Le combat sera long mais j'en serai.

A ce titre je recommande vivement la lecture de l'ouvrage « l'abolition de la prison » rédigé par Jacques LESAGE de la Haye. Il s'agit d'un ancien détenu, psychanalyste qui comme moi, combat ouvertement les sociétés d'enfermement depuis 30 ans et recherche des solutions de substitution.

A ceux qui me traitent souvent de naïf, se croyant dans une société bisounours, à ceux-là je veux dire que mon point de vue n'est pas un gadget. Mes arguments sont partagés par de nombreux observateurs et chercheurs :

« Il faut supprimer définitivement l'emprisonnement, toutes les études le démontrent, échoue inexorablement à prévenir la récidive et coûte à la société bien plus qu'il ne lui apporte. »

« Nous prétendons qu'il ne se passera pas longtemps avant que la prison n'apparaisse aux yeux des vivants comme le signe irrécusable de l'État de brutalité, d'arriération des mœurs et des sensibilités dans lequel vivait l'humanité au XX e siècle et encore au début du XXIe »[11].

Les admirateurs de Mme LE PEN, qui plaident pour une justice plus dure, feraient bien de réfléchir sur cette question. Si par malheur un jour, elle accède au pouvoir, on sait ce qui en sera de la justice. Les gens de mon espèce risquent de se retrouver en taule parce qu'ils défendent la cause des sans-papiers. Elle nous a déjà prévenus.

---

[11]L'abolition de la prison : Jacques Lesage de La Haye Editions LIBERTALIA

Regard sur le monde actuel :
« Un peuple de moutons finit par engendrer un gouvernement de loups » Agatha CHRISTIE.

Ceux qui disent ne pas comprendre le mouvement des gilets jaunes, seraient bien inspirés de méditer sur cette citation !

J'exagère lorsque je dis que la Macronie nous mène à la dictature ?   On en reparlera ! Avez-vous remarqué ce durcissement de la doctrine des forces de l'ordre ? Avez-vous remarqué toutes ces mains arrachées, ces gilets jaunes éborgnés ? Avez-vous remarqué ces manifestants écolos immobiles sur un pont, évacués à coup de lacrymogènes par des CRS désinvoltes, comme s'ils aspergeaient des insectes ? » Cela se passe juste au moment où j'écris ces lignes. Pourquoi sommes-nous le seul pays à utiliser les LBD et les grenades de désencerclement ? CASTANER, un incapable notoire qui refuse le terme de violences policières ? *Mais alors si celles-ci sont légitimes malgré les condamnations de l'ONU, de la ligue des droits de l'homme, du défenseur des droits, alors cela signifie que si cela continue, nous ne serons bientôt plus un état de droit !*

« Du moment qu'une manif est interdite, les gens qui s'y rendent savent à quoi ils s'exposent» martèlent les journaleux macroniens !

Mais alors, un pays qui interdit les manifs, c'est une dictature ou je me trompe ?

« On lâche rien ! Ce mot d'ordre issue d'une chanson populaire a pris racine lors de la lutte pour la préservation des droits à la retraite sous SARKOZY. Depuis, il est présent dans toutes les manifs. Je ne peux pas parler du sens de ma vie sans y faire référence. Ceux qui me connaissent bien savent que je ne lâche rien sur le plan des idées. Je suis de près l'actualité et je la commente sur les réseaux sociaux avec des billets d'humeur qui ont parfois fait l'objet de publication par le quotidien MEDIAPART.

« Les bourgeois sont troublés de voir passer les gueux. »[12]

Bien sûr que je dérange. Je dérange surtout les moutons qui n'aiment pas voir troubler leur normalité. Dans ce cadre il m'apparaît naturel de consacrer un chapitre au contexte politique et social de notre pays. Pour aller vite, on peut dire que celui-ci est cataclysmique malgré les efforts déployés par les médias macroniens pour tenter de le dissimuler. Il y a bien longtemps que notre pays n'avait pas connu une crise aussi profonde et durable.

L'exécutif n'a rien fait ou presque rien depuis un an.

---

[12] Jean RICHEPIN : Les oiseaux de passage.

Empêtré dans l'affaire BENALLA, le pouvoir a été incapable de s'expliquer et le feuilleton de l'été 2018 a plombé toute l'activité parlementaire. Puis est arrivé le mouvement des gilets jaunes que certains ont d'abord décrié, puis approuvé et qui aujourd'hui exaspérés par sa durée tentent à nouveau d'en minimiser la portée.

Et si le capitalisme était juste en train d'exploser ? J'aimerais tant qu'il en soit ainsi !

Ce mouvement me semble être révélateur de trois éléments clefs :

1 – Le système capitaliste est à bout de souffle tant les inégalités sociales qu'il engendre sont devenues insupportables.

2 – Il faut sortir du système capitaliste qui détruit la planète et broie les hommes depuis des siècles pour s'atteler à construire une société basée sur un type de développement guidé par l'intérêt général en lieu et place de la croissance et du profit !

3 – Son ultime défenseur dans notre pays, à savoir **Emmanuel MACRON est devenu illégitime auprès de la majorité du peuple français.**

Un président élu démocratiquement ?

C'est en tous cas ce que claironnent ses fans mais je m'inscris en faux contre cette affirmation que je vais m'employer à démonter.
Le véritable score de MACRON est celui du premier tour avec 18%... Il n'y a pas de quoi pavoiser.
Sur le plan purement arithmétique, MACRON fait un beau score au second tour avec 66 % des voix en effet. Voilà pour les apparences. Je vois déjà les matheux s'insurger en brandissant la « science exacte des chiffres... »

Souffrez qu'une approche plus... littéraire apporte un autre éclairage, au risque de vous paraître irrévérencieux.

Une première remarque : Le résultat ne saurait valider une quelconque valeur politique. Selon moi, face à l'usurpatrice de MONTRETOUT[13], n'importe quel candidat moyen aurait gagné.

Par ailleurs les commentateurs avertis oublient de préciser que leur héros n'a rassemblé au premier tour qu'un peu plus de 8 millions de voix soit moins d'un électeur sur 5 inscrits !

____

[13] J'ai consacré un livre intitulé « Face au danger lepéniste, la révolution citoyenne » paru en Editions BOD, pour analyser la personnalité de Marine LE PEN.

Un sondage publié par Opinion Way fait ressortir que 45 % des électeurs de Macron au premier tour ne l'ont pas choisi en fonction de son programme mais ont voté utile, considérant qu'il était le mieux placé pour accéder au second tour. En réalité, 4 à 5 millions de français soit, *un sur 10 ont choisi Macron avec enthousiasme et conviction.*

De toute évidence, Emmanuel MACRON a été davantage placé qu'élu. Il a reçu le soutien des grands de la Finance, notamment ARNAUD et NIEL et il est chargé d'appliquer la politique visant à maintenir les acquis de cette caste d'oligarques. **Il est donc illégitime.**

Un homme à l'immense talent ?

MACRON est président soit ! La presse macronienne ou plus exactement, la presse tout court, n'a eu de cesse que de louer son « immense talent ».

Dès le début de la campagne, je trouvais que MACRON n'était pas un bon candidat, je l'avais même qualifié de marchand de clefs à molettes, tant il me faisait penser à un camelot sur les foires. Sauf que le coupe frites vendu par le camelot fonctionne réellement alors que le nouveau monde de MACRON n'est qu'illusion.
Et puis, j'ai douté et je me suis dit qu'on verrait bien ce qu'il ferait, une fois au pouvoir. Il est temps de lever le voile.

Macron est né de famille bourgeoise et doit sa réussite essentiellement à son habileté à se faire coopter par des réseaux influents. Il a été scolarisé chez les jésuites au lycée privé de la Providence où il a rencontré sa future épouse. Après son bac il rate à deux reprises le concours d'entrée à l'École Nationale Supérieure et doit se rabattre sur science po. Il entre ensuite à l'ENA, la machine à fabriquer les « élites ». A sa sortie, il est repéré par ATTALI, ce qui n'est pas rien. Sur les conseils de Serge WINBERG, président du groupe ACCOR, il est embauché chez ROTSCHILD. Cela s'appelle le piston ! De talent, il en est pourvu certes, comme la plupart des gens mais il n'y a pas lieu de le surestimer.

Une question me taraudait. Comment un homme qui était il y a peu un illustre inconnu, sans l'aide d'aucun parti, avait-il pu conquérir la magistrature suprême ? Les journaleux se gargarisaient du talent de JUPITER qui avait tué la gauche et la droite.
Comment Macron à t-il conquis le pouvoir ? Avec l'aide de ses amis Bernard ARNAUD et Xavier NIEL notamment à qui il sert la soupe aujourd'hui.

Un bilan catastrophique :

Il a commencé par afficher son mépris pour le parlement en légiférant par ordonnances sur la réforme du code du travail. Celle-ci vise clairement à diminuer les peines infligées aux patrons pour licenciements abusifs.

Et puis il y a eu cette affaire BENALLA.
Le soir du premier mai place de la contrescarpe, une sorte de cow-boy se livre à un véritable acte de barbarie. Le virtuose de la trique, passe à tabac deux jeunes manifestants en y prenant un plaisir non dissimulé sous l'œil médusé des flics présents aux alentours. Dans la foule un membre de la France insoumise, filme la scène et le lendemain le scandale éclate. Le président se tait dans un premier temps. Puis il prend la parole en fulminant contre ceux qui dénoncent cette affaire d'État
« Qu'ils viennent me chercher » fulmine -t-il !

Plus grave encore, le Président affirme être fier de BENALLA. Mais l'affaire enfle et des commissions d'enquêtes sont créées. Celle de l'Assemblée nationale dirigée par une présidente vendue à MACRON fait chou blanc. En revanche le Sénat fait avancer les affaires....
Il s'avère qu'il pourrait bien s'agir d'une affaire d'État
Le pouvoir affirme avoir licencié BENALLA et pourtant l'intéressé s'est vanté de continuer à « servir son patron... »
Plusieurs mois après son éviction, il a encore en main les passeports que l'Élisée aurait du récupérer. .. Je vous laisse aussi réfléchir la-dessus.
Il apparaît aussi clairement que Macron avait bien un projet de monter un service de protection du Président dirigé par son ami BENALLA, un service parallèle qui aurait échappé à la police et à la gendarmerie... Ce n'est pas une petite affaire.

Je me souviens avoir écrit la chose suivante dans un commentaire au tout début du feuilleton : « La macronie ne s'en remettra pas, cette affaire leur collera à la peau, comme le mazout aux ailes du cormoran après une marée noire. »
Les journaleux ont parlé d'une erreur de casting de MACRON dans le recrutement, je n'y ai jamais cru. Je me disais comment cet homme si intelligent, puisqu'il est président n'est-ce pas, a-t-il pu commettre une telle bourde ?

De la même façon, son obstination devant les gilets jaunes à refuser de rétablir l'ISF n'est pas neutre... Je me moque pas mal des pseudos débats sur le thème : « ce n'est pas le rétablissement de l'ISF qui donnera à manger aux pauvres. »

Cela c'est pour amuser le petit peuple. La véritable question c'est POURQUOI il n'a pas cédé ? Il en avait théoriquement le pouvoir. Pour mieux doper l'économie selon la théorie du ruissellement ? Pas à moi non ! Il ne l'a pas fait parce qu'il NE LE PEUT PAS.

Il est lié par un accord avec ceux qui l'ont aidé à accéder au pouvoir. Macron n'est que le laquais de la haute finance et il joue ce rôle avec plaisir.

Tout le monde focalise d'ailleurs sur l'ISF alors que l'essentiel est ailleurs, le diable se loge dans les détails !

En faisant sa réforme de suppression de l'ISF, Macron le pervers, y a amarré une autre réforme beaucoup plus significative. L'ISF a trait au stock de capital détenu par les ultra-riches. Mais il faut aussi considérer les revenus rapportés par ce capital. De la même façon que les revenus des salariés, ces revenus-là étaient soumis à l'impôt de manière progressive, avec des tranches pouvant atteindre jusqu"à 45 %. Eh bien « en même temps » qu'il a supprimé l'ISF, Macron a créé un « Revenu forfaitaire Unique » pour les revenus de ses amis et il les a soignés.

Désormais, les contribuables les plus riches ne verseront plus qu'un tarif unique à hauteur de 12,8 % des intérêts qu'ils encaissent. Ce niveau est inférieur à la première tranche d'imposition de l'impôt sur le revenu des salariés qui est de 14%. Elle est pas belle la vie ! Naturellement personne n'en parle.

Théorie du complot me direz-vous ! Non ! Seulement la défense des intérêts de classe d'une oligarchie de plus en plus réduite. Cela devient indéniable. J'ai décortiqué plusieurs ouvrages d'auteurs qui ont conduit des investigations dans le milieu macronien.

A ceux qui seraient tentés de ne pas prendre mes affirmations au sérieux, je veux dire qu'ils pourront vérifier quand ils le voudront. Ma lecture de la Macronie ne relève ni du fantasme, ni de la légèreté.

Je m'appuie sur une solide bibliographie qui est répertoriée en fin d'ouvrage.

Je ne suis pas le seul à avoir un jugement sans appel sur la Macronie.

Si le lecteur veut s'informer davantage sur ce point il trouvera dans les titres qui suivent tous les éléments détaillés.

De la même façon, à tous les sympathisants macroniens, à tous ceux et ils sont nombreux, qui doutent des propos que je défends, je donne cet ultime conseil. Regardez sur YOUTUBE, l'entretien du journal « Le media » avec la sociologue Monique PINSON CHARLOT à propos de son ouvrage « Macron le président des ultra-riches». Elle est encore bien plus implacable que moi et elle démontre avec brio tous les cadeaux fiscaux accordés par MACRON à l'oligarchie.

« Le macronisme est une véritable guerre des classes» affirme la Directrice de recherche au CNRS, elle est spécialiste de la grande bourgeoisie, et elle a écrit de nombreux ouvrages passionnants que je recommande vivement.

Dans « Ce pays que tu ne connais pas » François RUFFIN pointe les rapports plus qu'étroits entre XAVIER NIEL et MACRON.[14]

« Je découvre un banquier super cool, intelligent, bonne dynamique, bonne pêche, vachement sympa. Des dents longues ce qui est une qualité, on est devenus copains. »

---

[14]Ce Pays que tu ne connais pas François RUFFIN Les ARENES Février 2019

Juan BRANCO, auteur du livre nommé « Crépuscule »[15] confirme largement. Il précise que Xavier NIEL lui a annoncé en 2014 que MACRON serait le futur président alors que celui-ci n'était alors que secrétaire général de l'Élisée Il précise également comment l'ami de MACRON, Ismaël EMELIEN, a non seulement utilisé des fonds de l'état pour payer les contrats sans appels d'offres à HAVAS, mais aussi mobilisé les six conseillers de MACRON confortablement payés pour organiser des événements de campagne.

SARKOZY déjà détournait des fonds publics avec une comptabilité tronquée et je connais bien le sujet. MACRON fait beaucoup mieux. Qui a payé la campagne de MACRON ? Ses amis NIEL LAGARDERE et ARNAUD, mais aussi vous et moi chers amis !

Dans le même document Juan BRANCO confirme que MACRON est loin de détenir les talents que la droite lui prête. Emmanuel, le brillant génie, a passé 5 années de sa vie à passer des concours dans les écoles prestigieuses et n'en a réussi qu'un seul !
Il y a déjà de quoi ternir un peu la réussite du JUPITER de pacotille.

Je m'écroule de rire lorsque certains évoquent la jalousie à propos de la haine des riches, ces riches qui constitueraient le symbole de la réussite.

---

[15]JUAN BRANCO Crépuscule Editions Massot Mars 2019

Aussi, je me refuse à employer le terme « réussir» au regard de l'état d'esprit dans lequel il est utilisé. Il pue le capitalisme, il pue la concurrence par l'écrasement des autres, il pue la culture du RESULTAT, si chère aux chantres de l'ultralibéralisme.
Nous sommes bien dans une lutte des classes, dans laquelle l'oligarchie affiche ouvertement son mépris. Côté cour, des ultra- riches qui étalent leur richesse avec arrogance à l'instar de BALKANY, et côté jardin un président au service de la seule classe dirigeante, qui demande la confiance, et en même temps, défie les fainéants, les fraudeurs et les réfractaires.

Enfin, l'ouvrage rédigé avec soin par deux journalistes d'investigation est édifiant. Son titre : «_ Les apprentis de l'Élisée, ou grandeur et décadence de la maison Macron. » A l'issue de cette plongée en Macronie, les auteurs Jérémy MAROT et Pauline THEVENIAUD dressent un bilan sans appel. « Parmi nos dirigeants, tous sont unis par le culte du chef et du secret. Tous sont résolus à verrouiller leur position auprès de leur patron. Mais tous seront rattrapés par l'implacable réalité, dans une atmosphère saturée de réalité, luttes d'influences, crises et affaires judiciaires... »[16] Un nouveau monde nous disait-on ? Ils rejoignent en cela Juan BRANCO que j'ai déjà cité de nombreuses fois, et qui conclut sa réflexion dans ces termes :

____

[16]Les apprentis de l'Elisée Jérémy MAROT Pauline THEVENIAUD Editions PLON Mars 2019

« Dépensant une énergie de dingue, le président est reparti en campagne et il fait illusion. Tout autour de lui pourtant, on l'aura compris, un monde vacille, se décompose et lutte contre son crépuscule. Il est temps de le révéler. Et face à un pouvoir nous menaçant d'effondrement, de se lever. »
 Que c'est agréable à lire, de se sentir moins seul !
Lorsque j'écris un livre, je pars d'une théorie qui est la mienne mais je prends toujours la peine d'aller à la pêche aux informations pour m'assurer que je ne parle pas dans le vide, que d'autres personnes avec une notoriété supérieure à la mienne, partagent mon analyse. Une fois de plus j'ai trouvé ce que je cherchais et j'en suis heureux.

Un grand débat qui ne conduit nulle part :

Le président nous a fait un grand show avec le débat national pendant lequel toute la vie politique s'est arrêtée alors que la Macronie se dit porteuse, d'une culture du résultat !

Le président ayant demandé aux français de s'exprimer dans un grand débat national, je me suis attelé à cette tâche sans illusion aucune. Je publie donc ci-dessous l'intégralité de ma contribution et les propositions qui l'accompagnent.

Contribution JCT au débat national

Déclaration liminaire

Avant d'entrer dans le détail des questions abordées ou non dans la lettre du président MACRON aux français, je souhaiterais poser quelques fondamentaux pour situer l'état d'esprit dans lequel je rédige cette contribution.

Je tiens à remercier les personnes qui voudront bien faire l'effort de lire jusqu'au bout ce document. C'est une marque de respect que je tiens à leur adresser. Une synthèse de mes 21 propositions figure à la fin du document.
Je dirai tout d'abord que la manière dont est organisé ce dit débat, aux enjeux paraît-il fondamentaux, laisse apparaître au grand jour un grand amateurisme de la part des dirigeants de notre pays, je n'en dirai pas plus, il suffit d'observer un minimum.
Je viens de lire la lettre du président avec toute l'attention qu'elle mérite. Je suis stupéfait devant un tel désarroi, devant le peu d'ambition de sa démarche. C'est décidément un Jupiter aux pieds d'argiles qui dirige notre pays.

Mais surtout, il y a dans la lettre du président, au moins deux mots de trop, les deux derniers :

« En confiance... » NON Monsieur le Président, de confiance il n'y a pas !

Michel AUDIART dirait volontiers que : « Notre président ose tout et c'est à cela qu'on le reconnaît... »

Les cinéphiles sauront traduire. Il faut en effet une certaine audace pour oser écrire ces deux mots, au regard du contexte dans lequel nous sommes.

Qui peut faire confiance à un président qui ne manque aucune occasion de mépriser ouvertement ses concitoyens ? Sa dernière trouvaille consiste à nous apprendre le goût de l'effort. Où donc l'a-t-il appris, lui, au regard du milieu social dont il est issu ?!

Pour ma part, je sais comment il m'est venu. Je suis fier d'être issu d'une famille paysanne des plus modestes.

Dans notre famille, dès que les enfants étaient capables de marcher, ils commençaient à travailler à la ferme : aller cueillir des fruits et des légumes, transporter le lait à la fruitière, retirer les pierres dans les plantations de céréales, planter et récolter les pommes de terre, couper et remiser le bois et j'en passe. Alors la fable du goût de l'effort, il ne faut pas nous la faire à nous ! Je pense que mes frères et sœurs me rejoindront sur ce point et je les salue.

Un tel mépris de classe est juste inacceptable.

Qui peut faire confiance à un président qui se prétendait « de droite et de gauche » alors qu'il est l'incarnation même du capitalisme sauvage ? Il est le fils naturel de Madame TATCHER et Monsieur REAGAN, les deux personnages qui ont donné le coup de gouvernail implacable qui orienta nos sociétés vers la dérégulation, la déréglementation, la jungle.

Qui peut faire confiance à un président qui a commencé par casser le code du travail et s'apprête à laminer les chômeurs avec des dispositifs de flicage toujours plus coercitifs ? « Je ne céderai rien aux fainéants... » disait-il. Cela respire la confiance en effet !

Qui peut faire confiance à un président qui, dans sa lettre vante le système social français, alors qu'il annonçait, il y a peu, son détricotage parce que trop onéreux, avec l'élégance verbale qu'on lui connaît ? (« Çà nous coûte un pognon de dingue et ce n'est pas efficace »)

Qui peut faire confiance à un président dont l'analyse sociétale se résume à cette phrase : « Dans la vie il y a ceux qui réussissent et ceux qui ne sont rien... ?. » Une telle approche ne vaudrait même pas la moyenne dans une épreuve de philosophie du baccalauréat, mais bon, c'est le président, il est forcément intelligent ! Devinez ce qu'il y a derrière le mot « réussir » ?

Qui peut faire confiance à un président qui avait pour garde du corps un cow-boy écervelé, casseur de manifestants nommé BENALLA, avec lequel il continue de nouer des relations aux dires de ce dernier dont le président lui-même déclara qu'il en était fier ! ? Tiens le cow-boy est en garde à vue à présent...

Qui peut faire confiance à un président qui est incapable d'avoir la moindre approche politique et raisonne en comptable besogneux du siècle dernier ?
« Comment faire des économies, comment faire baisser les impôts, comment payer la transition énergétique »? Un meccano ferait mieux, mais bon, c'est le président.

« Je suis le dernier des présidents. Il n'y aura plus derrière moi que des comptables... » avait prononcé François MITTERAND peu avant de mourir. Bien vu Tonton ! Tu nous manques !

C'est donc, sans illusion aucune, que je rédige cette contribution en espérant que cedit débat ne serve pas de prétexte pour instaurer des mesures machiavéliques en particulier en matière d'immigration et j'y reviendrai.

Thème N° 1 : les impôts

Le titre choisi par le président me laisse pantois : « Nos impôts, nos dépenses et l'action publique ». Cela sonne comme un boulet à traîner, la misère du monde.

Je suis retraité et, sans être riche, je bénéficie d'une pension confortable en qualité de cadre supérieur de la fonction publique. Je me considère comme SDF (sans difficulté financière) un peu d'humour ne nuit pas.

Cela étant, je n'ai personne à remercier et le goût de l'effort ne m'est pas étranger, je n'ai jamais oublié mes origines.

Je ne me suis jamais plaint de payer trop d'impôts. Je suis partisan d'une imposition forte, parce que l'impôt c'est l'action publique et celle-ci m'est chère.

J'ai rencontré de graves soucis de santé qui m'ont conduit à subir plusieurs séjours à l'hôpital public.
A cette occasion j'ai constaté un extraordinaire dévouement du personnel médical et soignant. Quand je pense que les libéraux veulent en faire un business, je suis bien évidemment révolté.

Alors oui il faut faire payer davantage **ceux qui le peuvent, et non pas ceux qui n'ont déjà rien.** Il faut introduire davantage de tranches pour que le taux de prélèvement soit le plus proche possible du niveau de revenus et surtout il ne faut pas épargner les riches, qui « risquent de partir » comme nous disent les bien-pensants !

Rétablissons l'ISF Monsieur le président ! Je n'ai que faire des états d'âme des grandes fortunes et il faut être le dernier des naïfs pour croire qu'en les épargnant fiscalement, ils vont doper l'économie.

Vous voulez réduire les dépenses ? C'est inacceptable, même si vous en parlez comme d'une loi incontournable.

C'est inacceptable parce que cela signifie que vous laminerez certains services publics. Mais pourquoi ne pas aller chercher des recettes en mettant enfin un coup d'arrêt à l'évasion fiscale avec près de 100 milliards à récupérer, mais pardon, ce sont vos amis.

Je m'inscris en faux contre cette stupide théorie des premiers de cordée selon laquelle les bourgeois, les grands patrons seraient nos pères nourriciers et qu'il ne faudrait pas se les mettre à dos...

De qui se moque-t-on ? La lutte de classe existe bel et bien et nous faire croire à l'aberration du ruissellement selon lequel plus les riches le seront, mieux les autres se porteront !
Le capitalisme porte en lui le germe de sa propre destruction disait en substance Karl MARX, dont la pensée continue d'effrayer la bourgeoisie. Celle-ci a déjà tremblé en 1936 et en Mai 68.

Elle tremble à nouveau aujourd'hui. Et si la révolte des gilets jaunes était un signe avant-coureur d'un capitalisme qui finira par exploser tant les inégalités qu'il engendre sont devenues insupportables ? Il règne en effet comme une atmosphère de nuit du 4 août, tremblez bourgeois !

Revenons à nos impôts. Dans son approche simpliste, le président part donc du postulat selon lequel il FAUT réduire les impôts et les dépenses.

C'est contestable mais bon, c'est le président. Il nous invite à dire quels services publics on peut réduire ou supprimer pour comprimer la dépense.

C'est pour le moins choquant, mais cela se situe clairement dans la droite ligne ultralibérale qu'il sert avec tant de zèle. Eh bien puisqu' il veut aller la dessus allons - y. **L'armée ne sert à rien** , je n'hésite pas à le dire ! On peut faire des coupes sombres dans son budget sans problème.

Comme disait mon adjudant, « même motif, même punition » pour la garde républicaine et tout ce qui sert à monter chaque année le protocole qui permet aux braves gens d'admirer le défilé du 14 juillet. Qu'ils restent donc dans leur nid douillet, comme le faisait BRASSENS.

La police ? Oui, c'est important mais point trop n'en faut ! « Les gardiens de la paix , au lieu de nous la garder, ils feraient mieux de nous la foutre ! » disait le regretté COLUCHE.
Madame MORANO s'est récemment émue du manque de respect des gens à l'égard des forces de l'ordre. Elle croyait bon d'ajouter : « C'est là un trait de caractère de notre société actuelle... » Décidément la droite est inculte et tout juste capable de faire de la sociologie de bas étage.

Je ne fais pas partie de ces idiots qui font surveiller leur maison pendant leurs vacances. Non je n'ai pas envie de voir des uniformes partout quand je vais en ville. En revanche, évitons de supprimer des postes d'enseignants, d'infirmiers ou d'inspecteurs du travail ... C'est important non ? Ce que diront les citoyens sur ce point sera sans doute révélateur de l'idée qu'ils se font de la société dont ils rêvent.

Il faut aussi nous lâcher avec la dette et cette pseudo argumentation moralisatrice et culpabilisante bien connue chez les gens de droite.

Il y a beaucoup d'économistes sérieux et non orthodoxes qui peuvent expliquer que cette obsession n'a de sens que pour les ultralibéraux.

Si le sujet vous intéresse étudiez le, pour ma part, ce n'est pas le cas

Thème N ° 2 : l'organisation de l'état et des collectivités publiques.

Quels services publics, par qui et comment, pour quelles missions ? Vaste programme à déployer en effet et je suis d'accord.

Commençons d'abord par cesser de bouffer du fonctionnaire, comme le font certains.

Certes, cela plaît beaucoup à la beaufitude, c'est pourquoi la droite s'y vautre avec délectation, mais cela ne correspond en aucune manière à une analyse politique digne de ce nom.

Beaucoup de nos compatriotes pensent que le secteur privé fonctionne bien mieux que le service public, la propagande abjecte marche bien. De surcroît, la sécurité de l'emploi serait bien évidemment un frein à la performance selon la sacro-sainte pensée libérale.

Qu'en est-il ? Tout d'abord il faut savoir que la précarité est à présent partout, y compris dans les administrations. Par ailleurs j'ai constaté que ceux qui prônent la mobilité et l'adaptation à grands cris, ont souvent vu leur carrière se dérouler dans le secteur privé certes, mais dans la même institution, dans la même localité et avec le même travail. Cela signifie que les choses sont plus complexes qu'il n'y paraît.

Puisque nous sommes dans le bois dur, allons jusqu'au bout.
Je prendrai pour exemple deux anciennes administrations « La Poste et France télécoms ».
Elles sont désormais des entreprises même si l'action des syndicats a permis aux fonctionnaires présents de sauver leur statut jusqu'à leur retraite. France télécoms est devenu Orange, un « paradis » managérial, demandez aux salariés.

La Poste a suivi sa sœur jumelle dans cette voie grâce à SARKOZY, qui, malgré une consultation nationale organisée par le syndicat « Solidaires » et qui, à une écrasante majorité, s'opposait à ce changement. Mais cet homme est un habitué du mépris des peuples.

Les réformes se sont succédées à un rythme infernal. Le personnel de ces deux institutions a d'ailleurs fait preuve d'incroyables capacités d'adaptation malgré l'intensité et la brutalité des changements.

Lorsque vous avez passé votre vie à installer des lignes téléphoniques et que l'on vous dit que vous devez devenir un agent commercial, je pense que vous avez une idée de l'ampleur du changement à opérer et des traumatismes qui s'y rapportent.

Y-a-t-il une action plus violente vis-à-vis d'un salarié que de lui voler son métier ?

Je suis d'ailleurs très bien placé pour parler de ce sujet puisque j'ai exercé au début des années 2000 des missions d'accompagnement du changement en qualité de consultant en organisation du travail et management. Ce que j'ai constaté a renforcé mes convictions.

Monsieur le président qui traite volontiers ses compatriotes de « réfractaires au changement » ferait bien de réfléchir à cette question.

Avez-vous l'impression que le personnel est plus efficace, que le service est mieux rendu depuis ces changements fondamentaux ? Ne vous fatiguez pas je connais la réponse ! Déjà dans les années 80, lorsque TATCHER a jeté en pâture les télécommunications britanniques au secteur privé, les usagers avaient dû rendre leur téléphone aux agences tant les tarifs avaient explosé ! De même le démantèlement total des services publics vétérinaires a amené la vache folle dans nos assiettes. Des amateurs ? Voilà où Monsieur MACRON est allé puiser son inspiration politique ! Vous parlez d'un nouveau monde !

Pour autant oui, il faut moderniser les services publics. Michel ROCARD en parlait déjà dans les années 80 et il avait raison.

Mais attention : il faudra regarder partout et faire un diagnostic général et partagé dans toutes les administrations et collectivités.

Ce diagnostic doit être sans complaisance et réalisé par des organismes indépendants et certainement pas par les amis de M. SARKOZY par exemple ! Autant dire qu'il s'agit d'immenses chantiers à multiples volets. Il s'agit ensuite d'élaborer un projet de modernisation autour de l'organisation du travail, les missions, le management, le climat social, la communication...

On n'est pas arrivé mais il faut le faire plutôt que de faire du matraquage idéologique comme on le fait depuis SARKOZY sur les fonctionnaires trop nombreux
et inefficaces !   Ce qui est nuisible, c'est bien cette politique de réduction des effectifs de la fonction publique par une approche purement comptable en demandant à chaque administration de répartir la pénurie. Personne ne sait s'il y a trop de fonctionnaires, combien et où, aujourd'hui ? La seule chose que l'on entend est que nous en avons plus que nos voisins européens : piètre argument.

La politique, ce n'est pas de l'arithmétique, c'est une réflexion sur le type de société à construire, l'aménagement du territoire et un projet à élaborer.
Le président n'est pas très loquace sur ce sujet. Il préfère se confiner dans la récitation du verbe réduire à tous les temps et à tous les modes.

Thème N° 3 : la transition écologique :
Sur ce sujet aussi, l'incompétence et l'aveuglement sont au pouvoir.
« Qui va payer et comment et blablabla » ? Voilà tout ce que le président est capable de nous dire, ce qui démontre bien que cet homme n'a aucune conscience politique.
En avoir une conduirait inévitablement à mettre sur la table le mode de production.   Dans le monde de MACRON, la production est la raison d'être.

Le capitalisme produit n'importe quoi, n'importe comment, pourvu qu'il produise toujours plus. Voilà pourquoi le capitalisme détruit la planète et torpille les salariés sans se poser de questions .
Depuis Milton FRIEDMANN, l'objectif de l'entreprise se résume à accumuler des profits au seul bénéfice des actionnaires et, sur ce point, Monsieur MACRON garde le cap bien évidemment.
La réalité c'est que la politique énergétique prônée par le président est catastrophique. Nicolas HULOT en a fait l'amère expérience. Nous avons des centrales nucléaires qui vieillissent et on retarde encore et toujours la sortie du nucléaire.

Le projet d'EPR français est une véritable catastrophe sur le plan financier et technologique. Le reportage de France 5 : « Nucléaire, l'impasse française » donnera tous les détails aux personnes qui veulent s'intéresser au sujet. On y voit notamment Monsieur MACRON affirmer haut et fort qu'il n'y pas mieux que le projet nucléaire français.

La France est un des pays qui investit le moins dans les énergies nouvelles alors qu'il s'agit d'une impérieuse nécessité. Nous sommes le pays le plus en retard dans ce domaine, j'ai vérifié.

Au lieu de cela, nous avons un président qui se contente de nous dire : « vous voulez de l'écologie alors il faudra payer ! » On vole en-dessous des pâquerettes.

Sur le sujet, ma proposition est claire : il faut remettre à plat la politique énergétique française avec des experts indépendants et peut-être que sur cette question fondamentale, il faudra oui, organiser un référendum
sur la poursuite ou l'arrêt de cette suicidaire stratégie énergétique.

Thème N° 4 : Démocratie et citoyenneté :
Notre démocratie est à bout de souffle il faut le reconnaître. Elle tient encore sous perfusion grâce à la solidité des institutions mais elle n'est plus adaptée à notre monde.
La constitution et n'en déplaise aux gaullistes inconditionnels est inadaptée voire même dangereuse.
Elle fait la part trop belle à l'exécutif. L'article 16 peut permettre au président de réclamer les pleins pouvoirs.
Qu'en sera-t-il s'ils sont accordés à Madame LE PEN ?

Je ne suis pas spécialiste de ces questions mais il faut tout remettre à plat et bâtir une sixième république, pas à pas, humblement, en prenant tout le temps .
Il faut renforcer les pouvoirs du parlement au détriment, oui, de l'exécutif. La France insoumise prévoit même la suppression du président. C'est en tous cas un immense chantier à monter.

Je ne suis pas favorable à la suppression du Sénat qui constitue à l'heure actuelle l'unique garde fou contre l'excès de pouvoir du gouvernement, l'assemblée n'étant plus désormais   qu'une chambre d'enregistrement de l'exécutif. Je pense que le bicamérisme constitue non une garantie mais au moins une source de démocratie.

La pratique montre que la seconde chambre a tendance à freiner les ardeurs de la première, ce qui peut constituer un élément de blocage, mais aussi un garde-fou contre le tout et n'importe quoi. Un pouvoir qui a les mains totalement libres peut devenir dangereux. Nous en avons la démonstration avec la macronie.

Non, il ne faut pas réduire le nombre de députés. Cette mesure est démagogique au possible et affaiblirait encore le parlement.

Non, il ne faut pas rendre le vote obligatoire, c'est une absurdité. Les deux termes sont antinomiques, sauf à instaurer une dictature.

Oui, il faut prendre en compte l'abstention et on rediscutera de la légitimité du président MACRON. Je ne suis pas un adepte des référendums.

Le dispositif a montré ses limites puisque Monsieur SARKOZY en a fait fi sans que cela n'émeuve personne.

Les sujets doivent être d'une exceptionnelle gravité comme la politique énergétique que je citais plus haut et la procédure doit être bien cadrée.

Pour des raisons qui m'appartiennent je ne fais pas une confiance absolue au peuple. Léon BLUM disait : « Les masses ? Un jour elles marchent derrière STALINE et le lendemain derrière HITLER ».

Le président veut ouvrir le débat sur l'immigration et j'avoue que je crains le pire.

La France n'est pas à la hauteur du pays des droits de l'homme dont elle se targue.

En décembre dernier, 14 associations dont le secours catholique, peu susceptible d'être classé à l'extrême gauche, ont lancé un appel relatif à l'insuffisance des moyens déployés en France pour assurer l'accueil des migrants. Je sais, certains trouvent à l'inverse que l'on en fait déjà beaucoup trop. Les trumpistes bâtisseurs de murs pour protéger les frontières sont nombreux. Je les condamne sévèrement.

 Soutenir une telle idéologie est tout simplement honteux. Je n'en peux plus de cette complaisance lamentable vis-à-vis de « ces pauvres français qui ont mal à leur identité ». La bêtise, oui ça fait très mal ! Je suis donneur de leçons oui et alors ?
Ne pas les dénoncer c'est les encourager. Ils se lâchent de plus en plus d'ailleurs.
Au lieu de cultiver leur beaufitude autour du saucisson et du gros rouge qui tâche, je leur conseille vivement de chercher à acquérir une culture digne de ce nom, d'étudier l'histoire. Qu'ils lisent ZOLA, JAURES, HUGO cela les changera des tombereaux d'immondices déversés par ZEMMOUR. Qu'ils écoutent BRASSENS, BREL, FERRAT, MOUSTAKI, RENAUD et qui sait, un jour peut-être, la magie opérera.
« Un jour pourtant, un jour viendra, un jour comme un oiseau, sur la plus haute branche » chantait magnifiquement Jean FERRAT, cet artiste extraordinaire

que le pouvoir de droite cherchait tant à faire taire. Alors ce jour-là peut-être, le bon sens, l'humanisme, l'intelligence et la fraternité se substitueront-ils enfin à la force imbécile.

Oui, il est de loin préférable d'œuvrer à la construction d'une société multiculturelle plutôt que de partir en croisade pour tenter de réaliser le fantasme d' une France de souche, pure, blanche, chrétienne...
NON ! Il ne faut pas abreuver de sang tous les vampires de la facho-sphère qui gravitent autour de Madame LE PEN.

Le président qui psalmodie si souvent le mot « devoir » aurait été bien inspiré de la recadrer, comme il sait si bien le faire avec les jeunes gens ! Madame LE PEN peut être contente, elle fait des adeptes à droite. C'est juste écœurant !

Un monde du travail destructeur :

C'est le titre d'un livre que j'ai publié en 2015. Je suis allé enquêter sur le terrain pour l'écrire et ce que j'ai découvert est bien pire que ce que je pensais.

Puisque rien n'est interdit paraît-il, je souhaiterais également m'exprimer sur ce thème qui ne semble pas être la préoccupation première du président.

Monsieur MACRON en revanche, sacralise le travail pour ce qu'il est, et son message est soigneusement relayé par ses sbires : GRIVEAUX, CASTANER, LEMAIRE, DE RUGY, une belle brochette de perroquets bien dressés. ..

Il est vrai que les classes dominantes ont un besoin impérieux du travail des salariés, leur survie en dépend, car il faut rappeler que seul, le travail des salariés, crée de la richesse, de la plus-value et donc du profit... On comprend que les patrons attachent du prix à ce que les travailleurs se livrent corps et âme, peu importe qu'ils soient mal payés avec des jobs à 200 euros par mois comme en Allemagne.

Il s'agit d'une idéologie basée sur un vieux concept de la droite la plus réactionnaire qui soit. « L'oisiveté est mère de tous les vices » disait-on dans les salons feutrés parisiens au 19ème siècle. A ce moment-là déjà on expliquait aux mineurs que, supprimer le travail des enfants, serait mortel pour l'entreprise au regard de la concurrence. Le voilà le nouveau monde macronien.

« L'assistanat est le cancer de notre société » disait l'inspiré Laurent VAUQUIEZ, l'un des plus grands tocards que la politique ait jamais connu. Il y a derrière tout cela une arrière-pensée qui consiste à accréditer l'idée que les chômeurs le sont parce qu'ils sont fainéants. Pour trouver du boulot, il suffit de traverser la rue n'est-ce pas ?

Cette idée clef est matraquée en boucle chaque jour. Qu'en est-il ? Il doit y avoir une ou deux centaines de milliers d'emplois non pourvus pour au moins 4 millions de chômeurs alors de grâce lâchez-nous avec ce matraquage lamentable !
« Arbeit macht frei » (le travail rend libre) lisait-on à la porte des camps de concentration … Quel rapport ? Aucun rassurez-vous ! Je veux juste dire par là qu'on cherche à nous faire avaler que l'entreprise et donc le travail sont une merveilleuse source d'épanouissement... Pas à moi ! Oh mais rassurez-vous je n'ai jamais rechigné à la tâche, le problème n'est pas là. Si les gens étaient heureux au travail cela se saurait !

Le capitalisme engendre de telles exigences en termes de résultats que la vie au travail est devenu un enfer dans lequel votre collègue est votre concurrent. Un enfer dans lequel il faut toujours faire plus et toujours plus vite. Le salarié est dépossédé de la finalité même de son travail, il n'en comprend pas le sens. C'est dramatique.

La souffrance au travail est un problème majeur de notre monde, bien pire que l'insécurité ou l'immigration contrairement aux dires de certains.
Le management des entreprises est dans l'ensemble déplorable. Il n'a pas évolué d'un pouce depuis le 19ème siècle. Il est basé sur le système militaire.
 Le chef décide, les salariés obéissent et se taisent. Voila pourquoi l'absentéisme et les suicides augmentent.

La plupart des personnes, et elles sont nombreuses avec lesquelles j'ai échangé, me disent que ce n'est pas le travail qui les tue c'est l'ambiance. Si on ajoute à cela les dossiers de harcèlement sexuel et moral, la boucle est bouclée. Alors de grâce ! Cessez de sacraliser à ce point le travail, de le présenter comme l'objectif suprême. Il est des gens qui sont dans une telle pauvreté qu'ils n'ont pas les ressources pour décrocher un job. Ils ne conduisent pas, ne peuvent acheter de voiture, ne peuvent remplir leur frigo...

Ceux-là il faut les aider sans condition dans un premier temps et ne pas les gonfler avec le « sens du devoir » comme le fait le président. Ceux-là vous pouvez les envoyer chaque jour à pôle emploi avec un fusil dans le dos, ils ne s'en sortiront pas si on ne les aide pas.

A l'inverse, il est en effet des gens qui s'enrichissent en dormant et qui ont les faveurs du président. Ce sont les grand patrons, banquiers actionnaires. Pour eux, la seule activité consiste à suivre les cours de la bourse pour prendre les bonnes décisions. Des créateurs de richesses, ces gens-là ?

L'un d'entre eux est « retenu » au Japon. Qu'il y reste, il ne sert à rien et cela n'en déplaise aux journaleux de droite qui ne cessent de chanter les louanges de celui qui était tellement mal payé qu'il a cru bon de puiser dans la caisse de RENAULT NISSAM...

« Ah oui, mais il a créé des emplois » claironnent-ils, mielleux. Vous voulez rire !

Certains sont sans pitié pour les voleurs de bicyclettes et complaisants envers les crapules. Allez comprendre... Notez bien que Carlos GHOSN est toujours patron de Renault.[17] Si un ouvrier met un boulon de travers,
 il est viré mais le patron lui, peut bien piocher dans la caisse, n'est-ce pas un peu son fric ???! Il a tant donné à l'entreprise !

La voilà l'injustice la plus flagrante du capitalisme que les laquais de la bourgeoisie cherchent, à l'instar du président, à nous faire avaler. Eh bien Non !

Oui, le capitalisme et les premiers de cordée chers au président, c'est aussi cela. Il est donc temps de couper la corde, faute de quoi notre société va dévisser.

Le mensuel « Alternatives économiques » de cette semaine révèle le piètre bilan de Carlos GHOSN en mettant notamment l'accent sur les emplois qu'il a supprimés.

---

[17]Cette affirmation était exacte au moment où je l'ai écrite. A l'heure actuelle le patron de RENAULT a été démis de ses fonctions devant la lourdeur du dossier juridique

« Présenté comme un grand capitaine d'industrie et un visionnaire, le patron de Renault s'est surtout distingué comme cost killer » affirme Franck AGGERI, professeur de management. En clair, cet homme s'est surtout illustré dans le domaine de la suppression d'emplois.Ce n'est pas sur TF1 ou BFM TV que vous entendrez cela !

Je conseille cette lecture à tout le monde. Cela change de « Valeurs actuelles » la bible droitière.

Le mouvement des gilets jaunes, si imparfait soit - il, révèle sans doute aussi le caractère insupportable de cette aberration sociale et il faut cesser de se taire !

CONCLUSION ou « Jusqu'à la ceinture » :

« Jusqu'à la ceinture » est une très belle chanson composée dans les années 70 par Graeme ALLWRIGHT.

Elle décrit un scénario dramatique dans l'atmosphère sordide du monde militaire. En Louisiane en 1942, un fleuve dangereux et un détachement de soldats qui cherche à regagner son camp. Leur capitaine décide alors d'emprunter le lit du fleuve pour parcourir le chemin.
Il donne l'ordre d'avancer. Malgré les multiples signaux d'alerte lancés par le Sergent, le Capitaine maintient fermement le cap. « Allons Soldats un peu de courage, je n'aime pas les dégonflés ! Je vous montrerai le chemin en marchant devant... » « On avait de la flotte jusqu'au genoux et le vieux con a dit d'avancer.... »
Y'en avait jusqu'à la ceinture et le vieux con a dit d'avancer. On avait de la flotte jusqu'au cou et le vieux con a dit d'avancer.... »

Le groupe poursuit son chemin laborieux quand brusquement, un cri jaillit dans la nuit suivi d'un sinistre glouglou. Le capitaine vient de sombrer dans les eaux du fleuve. Le Sergent prend alors le commandement et ordonne à ses troupes de faire demi tour.

 Le lendemain le corps du Capitaine est retrouvé, enfoncé dans les sables mouvants. Il s'est juste trompé dans son itinéraire.

« La morale de cette triste histoire je vous la laisse deviner. » dit encore le chanteur dans son dernier couplet. On peut sans risque avancer que le courage et la détermination ne suffisent pas pour atteindre un objectif. Tenir le cap c'est bien, mais encore faut-il que celui-ci soit juste !
Alors Capitaine Macron ? « Dans la vie il y a ceux qui réussissent et ceux qui ne sont rien » disiez-vous ?
Votre république en marche et vous-même avez de la flotte jusqu'au cou !   Allez-vous encore donner l'ordre d'avancer vous qui êtes si jeune et si intelligent paraît-il ?

La seule planche de salut pour vous, c'est l'annonce de mesures significatives visant à répartir plus équitablement les richesses de ce pays.

Sachez que si, à l'issue du débat national, vous revenez en nous disant que vous maintenez le cap sur vos réformes scélérates, personne ne vous suivra. Vous qui pensiez tant réussir, ne serez plus rien. Jean Luc MELENCHON ne pourra même pas vous qualifier de capitaine de pédalo comme il l'avait fait pour votre prédécesseur.
Essayez seulement de vous attaquer au statut des fonctionnaires pour voir.
Tiens ! Je viens d'apprendre que votre ministre LE DRIAN vous invite à ne pas remettre en cause le dit statut. Il est temps « d'arrêter les bêtises » dit-il. Il est vrai qu'il n'est que Sergent et que le Capitaine c'est vous !

Faites bon usage du conseil de votre Sergent, faute de quoi, la suite de votre quinquennat, ressemblera à un chemin de croix. Au pire, vous tenterez de vous débattre dans les sables mouvants, mais ils finiront par vous engloutir. Au mieux, vous serez tout juste bon à inaugurer les chrysanthèmes ou peut être de nouveaux ronds points. Vous y serez bien accueilli, soyez en sûr ...

Sans confiance aucune, Monsieur le président.

Synthèse des propositions formulées :

La politique fiscale :

1- Rétablir l'ISF.

2 – Augmenter la contribution des hauts revenus et en dispenser les plus faibles.

3 – Créer de nouvelles tranches d'imposition dans une démarche d'harmonisation entre les revenus réels et le niveau de prélèvement.

4 -Mettre en place un dispositif visant à récupérer la fraude et l'évasion fiscale.

5 – Réduire fortement le budget de l'armée et de la garde républicaine.

6 – Augmenter l'imposition du capital.

L'organisation de l'État et des collectivités publiques.

7 – Établir un diagnostic de fonctionnement des administrations et des collectivités.

8 – Élaborer un projet visant à moderniser la fonction publique d'État et territoriale orienté autour des axes suivants :

- Raison d'être
- Missions
- Activités
- Postes de travail
- Fonctions
- Organisation du travail
- Management
- Communication

Démocratie et citoyenneté :

9 - Établir une nouvelle constitution par un dispositif de démocratie participative.

10 - Maintenir le Sénat.

11 - Maintenir le nombre de députés.

12 – Prendre en compte l'abstention dans le mode de scrutin.

13 – Ne pas rendre le vote obligatoire.

14 -Mettre en place des référendums sur des questions clefs avec des enjeux qui engagent toute la société.

15 -Améliorer le dispositif d'accueil des migrants pour le rendre plus humain et refuser le système des quotas.
16 -Œuvrer à la construction d'une société multiculturelle.

Le monde de l'entreprise :

17 – Rééquilibrer les pouvoirs au sein de l'entreprise en modifiant les relations entre les actionnaires et les salariés au profit des seconds.

(pouvoirs de décision, gestion quotidienne, organisation du travail, processus de travail).

18 - Reconsidérer le mode de production capitaliste pour l'orienter vers l'intérêt général et la sauvegarde de la planète.

19 - Tourner immédiatement le dos à la recherche frénétique du profit comme finalité de la production.

20 - Inventer de nouvelles formes d'organisation des entreprises : associations coopératives....

21 - Modifier en profondeur les styles de management en passant du taylorisme à une organisation qualifiante visant à s'appuyer sur l'intelligence et la créativité des salariés, plutôt que sur l'obéissance aveugle.

Et Maintenant ?

Voici venu le moment de bientôt quitter mes lecteurs et je suis un peu triste à cette idée. Les meilleures choses ont une fin. L'actualité se bouscule au moment même où je boucle mon ouvrage.
J'aurais aimé évoquer le dossier DE RUGY, cet écolo de salon, cet homme de paille obéissant, sans envergure, promu par défaut.

J'aurais aimé évoquer de manière plus détaillée le sort de ces jeunes nantais, victimes de la brutalité des forces de l'ordre macroniennes au soir de la fête de la musique.

J'aurais volontiers fustigé Christine LAGARDE, symbole de l'incompétence, déclarée « coupable mais dispensée de peine » dans l'affaire TAPIE, promue à la Direction de la Banque Centrale Européenne. On peut craindre le pire ! A qui va - t - elle obéir d'après vous ?

Que puis-je offrir d'autre à mes lecteurs avant de nous séparer ?
Peut être quelques clefs à propos du SENS. On s'y remet ?

1 – Donnons du sens à chaque heure, chaque journée, chaque jour, chaque semaine, chaque mois, chaque année et ainsi de suite.

Pour chaque période donnée posons- nous les bonnes questions :

- Qu'est-ce qui est important pour moi ?
- En quoi est-ce important ?
- Comment puis-je y parvenir ?
- Quelles sont mes ressources ?

2 – Soyons persuadés que le sens constitue un extraordinaire vecteur d'énergie.

Lors de la seconde guerre mondiale il a été établi que, dans les camps de concentration, les catégories d'humains qui résistaient le mieux à la torture étaient soit des chrétiens, soit des communistes. Les uns comme les autres avaient trouvé le sens de leur vie.

Certaines personnes se laissent mourir lorsque leur vie n'a plus de sens.

3 – Dans la vie, il n'y a pas d'échec, il n'y a que des expériences.

Il y a deux attitudes possibles devant une situation vécue comme un échec. Je peux aller pleurer sur le mur des lamentions en me culpabilisant tant et plus dans une spirale du dialogue interne destructeur. N'est-il pas préférable et salutaire de calmer le jeu, sortir de l'émotionnel par un questionnement salutaire ?

- Que s'est-il passé et pourquoi ?
- Quelles sont les principales causes de ce résultat ?
- Qu'ai-je appris au cours de cette expérience, quelles leçons puis-je en tirer ?
- Que puis-je faire de différent la prochaine fois ?

La démarche est encore plus importante que le contenu. Beaucoup de gens se disent après coup : « J'aurais dû... » Il ne faut pas les condamner, ils ont raison. Sauf qu'aborder la question dans ces termes-là est contre-productif et renforce encore davantage le sentiment de culpabilité. En lieu et place du « j'aurais dû ou je n'aurais pas dû » il faut substituer « Désormais je ferai autrement... »

La première option n'offre aucune perspective et se borne au constat. Elle est orientée sur le passé.
A l'inverse, le second raisonnement est porteur d'une décision, orienté vers la réussite, tourné entièrement vers le futur. Cela change tout !

4 – Agissons dans la sérénité :

Restons calmes et sereins. Donner du sens à la vie, ce n'est pas se démener tous azimuts, travailler 12 heures par jour, laissons cela aux adeptes macroniens ou sarkozistes, puisqu'ils disent aimer cela.

Donner du sens ce n'est pas faire de l'activisme, se donner à fond dans de associations caritatives ou encore, s'obliger à faire ce que l'on déteste.

Donner du sens à sa vie c'est prendre soin de soi. Se reposer une journée entière par exemple, constitue un acte porteur de sens.

Il existe en fait deux façons de prendre la vie : la subir, attendre que les événements décident et se lamenter ou bien se mettre aux commandes et piloter !

Voilà chers amis lecteurs, je souhaite à toutes et tous de trouver le sens de de votre vie.

Jean Claude TARBY Août 2019

Bibliographie :

- Macron président des Ultra Riches : Monique PINSON, Michel CHARLOT Janvier 2019

- Ce pays que tu ne connais pas « François RUFFIN Les Arènes Février 2019

- Histoire de ta bêtise : François BEGAUDEAU Éditions PAUVERT Janvier 2019

- Crépuscule Juan BRANCO MASSOT Éditions Mars 2019

- Les apprentis de l'Élisée grandeur et décadence de la maison Macron Jérémy MAROT Pauline THEVENIAUD Éditions PLON Mars 2019.

- UTIPIA XXI Aymeric CARON octobre 2017 Éditions FLAMARION

Table des matières :

Comme un prélude...2

Notre santé n'est pas à vendre.............................10

Être né quelque part...22

Religion quand tu nous tiens..............................32

Le soixante-huitard attardé.................................45

Le syndicalisme école d'émancipation................61

L'autodidacte...97

Quand le métier n'est pas un long fleuve
tranquille …...137

Une aventure politique ….............................. .185

La prison ? Oui bien sûr je connais …..............200

Regard sur le monde actuel ….........................207

Et maintenant ? …...247

Bibliographie..251